JN041155

12歳から始める人見知りしない技術

あがり症克服協会代表理事
鳥谷朝代

はじめに

人見知りでなやんでいるみんなへ

こんにちは、鳥谷朝代《とりたにあさよ》と申します。

私は、緊張《きんちょう》や人見知りでなやんでいる人に向けて、話し方教室の先生をしています。教室では、小学校3年生から80代のお年寄《としよ》りまで、たくさんの人が学んでいます。

なぜ、私が話し方の先生をしているかというと、私自身がもともと人見知りだったからです。

私の人見知りは、赤ちゃんのころから始まっています。

おじいちゃん・おばあちゃんのおうちに泊《と》まりに連れて行ってもらったときも、こわがって一晩中《ひとばんじゅう》ずっと泣き止まず、仕方なく両親とともに、夜中にタクシーで帰ったこともあったそうです。

自分の実家にも泊まりに行けなかったなんて、両親には本当に申し訳なかったなぁと思います。

親戚《しんせき》ともまったく口をきかないので、「なつかないからかわいくない」と思われていたそうです。

遊園地や動物園、デパートやおもちゃ売り場に出かけても、母のスカートをギュッとにぎりしめ、ずっと母のうしろにかくれていたような子どもでした。

お正月、お誕生日会《たんじょうびかい》、クリスマス会、旅行やお祭りなど、親戚やお友だちが集まる楽しいイベントでも、笑顔の写真がまったくなくて、いつも何かにおびえている表情《ひょうじょう》をしていました。

中学、高校時代も同じで、休み時間にはひとりで本を読んだり、絵を描《か》いたりしているような学生でした。

社会人になっても、会社の人とのランチや飲み会が苦手で、できるだけそういうお誘《さそ》いをことわり、にげていました。

その私が、です。
今では、多いときで1日100人以上の初対面の人と会っています。
そして、この話し方講師というお仕事が、心から好きです。

いったい、なぜでしょうか。
それは、**人見知りを克服《こくふく》したら、見える景色ががらりと変わった**からです。

人見知りの克服って、自転車に乗れるようになることと似《に》ていると思います。
はじめはめちゃくちゃこわい。
誰だって転びたくないし、痛《いた》い思い、おそろしい思いはしたくないし。

でも、誰かに支えてもらいながら、少しずつ乗れるようになると、行動範囲《はんい》が広がるし、ひとりで行ける場所が増《ふ》えると、毎日が楽しくなります。
はじめはあんなにこわかったのに、すいすいペダルをこげるようになると、とても気持ちがいいですよね。

この本を読んでくれているみんなは、人に対して、こわいイメージがあるかもしれません。心臓《しんぞう》がドキドキしたり、うまく話せなかったり、ヘンな汗《あせ》が出てきたり、顔が真っ赤になったり……。

そんなふうになると、自分だけおかしいのかなって思っちゃうよね。

でも、大丈夫《だいじょうぶ》。

大事な場面であればあるほど、相手のことを大切に思えば思うほど、うまくいかなかったり、思うように身体が動かなくなるのは、とても自然なこと。

まずはそのことを知りましょう。

そのうえで、人見知りである、ありのままの自分を受け入れながらも、言いたいことを伝えられるようにトレーニングしましょう。

最初は完璧《かんぺき》にできなくても、大丈夫。

人と比べなくてもＯＫ！

「昨日より一歩進んだ自分」と出会うため、できることから少しずつやってみましょう。

「どんな場面でも、自分の伝えたいことを自由に話すことができる」

このことは、これからの人生でとても大切になってきます。

私と一緒に、自由に生きるためのレッスンを始めましょう！

保護者の皆様へ

本書をお手に取っていただき、ありがとうございます。

本書は、小学生のお子さんでも読める、人見知り克服のための本です。

『12歳から始める～』としているのは、私自身が自身の人見知りやあがり症を自覚したのが、中学1年生、まさに12歳だからです。


中学・高校と授業に出られず、親にも先生にも、だれにも打ち明けられず、大学進学もあきらめ、つらく苦しい思春期を送りました。

若いうちに、この人見知りを克服していれば、もっと自由に生きられたのに……。

そう思うこともありましたが、今は毎日多くのお子さん、学生さんを指導させていただくことで、人生をやりなおしている思いです。


人見知りを強く意識するのは、おおむね中学～高校生です。

思春期であり、自我が芽生える時期と一致します。

授業でまったく挙手できない、発言できない、高校受験の面接が心配で仕方ない……

そんな思いで、お子さんを連れて来校される保護者様も少なくありません。

お気持ち、とてもよくわかります。

なぜなら、私自身も、執筆時、13歳の子どもの母親だからです。

お子さん、保護者様と同じ目線で、毎日の生活で無理なくできる方法を、できる限りご紹介しております。

少しずつでも、お子さんと実践していただければ幸いです。


一般社団法人あがり症克服協会　理事長　鳥谷朝代

もくじ

第1章 どうして人見知りしちゃうの？

第2章 おどろくほど簡単に人見知りがなくなる

第3章 すぐにだれとでも打ちとける方法がある！

第4章　人見知りをなおした人が意識していること

第5章 さよなら人見知り！ 今すぐ始めてほしい習慣

第1章

どうして人見知りしちゃうの？

なんと7割！　日本人は人見知りが多い！

日本人は、人見知りが多いといわれています。

この本を手に取ってくれたみんなも、きっと自分のことを「人見知り」って思っているからこそ読んでいると思います。

みんなはどうして、自分のことを「人見知り」って思うようになりましたか？

なかにはお母さんやお父さん、まわりの人に言われたっていう人もいると思いますが、多くの人は自分で自分のことを「人見知り」って言い始めます。

人見知りとは、とくに初めて会う人に対して、上手にコミュニケーションが取れない性格《せいかく》のことをいいます。わかりやすくいうと、はずかしがりやさんのことです。内気な人っていう言い方もできます。

でもこれって、なかなか判定《はんてい》がむずかしいと思いませんか？

どういう人がはずかしがりやさんで、どういう人が内気な人なのか？

じつは「人見知り」かどうかって、けっこうあいまいです。

「足が6本あるから昆虫《こんちゅう》」「辺が3つあるから三角形」みたいに、だれもが同じ物差しで同じように決められるものではありません。

もちろん、見た目で明らかにモジモジしていたら、わかることもあるでしょう。

みんなよりもっと小さな子、たとえば幼稚園《ようちえん》にいるような子だったら、知らない人には話すことはおろか、近寄《ちかよ》ることも顔を向けることもできなかったり、泣き出してしまったり……。

そんな様子があれば「この子は人見知りなんだな」と、まわりの多くが思うかもしれませんね。

でも中学生くらいになると、そのようにだれから見てもハッキリわかるような人見知りだ、ということは少なくなってきます。成長するにつれて、ある程度その場をやりすごす言動が、できるようになってくるからです。

ただ、それはそれで、あまりにも自分の気持ちをかくすことだけにがんばってしまうと、自分で自分のことを苦しめる結果になってしまいます。

「初めて会うような人はすごく苦手で、近寄りたくないし、話したくないし、顔さえ向けたくないし、本当はちょっとつらい……。でもだからといって、にげ続けるわけにもいかないから、我慢《がまん》しているしかない……」

がんばることも必要だけど、みんなには、何でもかんでもいつまでも我慢することがおとなだって思ってほしくありません。

人知れず耐《た》え続けるのではなくて、我慢しなくてもいい方法をさがし、変えていくことを目指してほしいのです。そのほうが、楽しくなるから。

多くの場合、「クラスが変わって、初めて会う人と話すときはちょっと緊張《きんちょう》する」「みんなの前で話すときははずかしい」など、心の内面を自分で感じ取って、「自分は人見知りかも」って思うようなことが、人見知りを自覚する始まりです。

なので、ほかの人からは、人見知りって思われていないかもしれません。**人見知りで困《こま》ったら、人見知りを克服《こくふく》していくように自分を変えていきましょう。**そのお手伝いのために、みんなが成長していくために、これからたくさんの方法を私からお伝えしていきます。

ところで、人見知りは、日本人の7割にあたると言われています。7割ですよ！　人見知りって思っている人のほうが、圧倒的《あっとうてき》に多いのです。だから今、みんなが自分のことを人見知りと思っていても、何も特別なことではありません。それを克服したいって思えることが、ただ素晴《すば》らしいのです。

「自分は人見知り」って思っても、変なことじゃない

どうして日本人は「人見知りがあたり前」なの？

なぜ日本人には、そんなに人見知りが多いのでしょうか？
人見知りは病気のように、検査《けんさ》でわかるものでもありません。
自分で「私は人見知り」と名乗れば、だれでも人見知りになれちゃいます。
ではなぜ、そんなに自分のことを人見知りって思う人が多いのでしょうか。

それは、**親も、そのまた親も、ずっとずっと日本では、控《ひか》えめにふるまうことを重んじてきた国民性《こくみんせい》が関係している**ようです。

ほめられても「そんなことないよ」と言ったり、何かプレゼントをわたすときも「喜《よろこ》んでもらえるかわからないけど」なんて言ったりすること、みんなや、みんなのお母さん・お父さん、おじいちゃん・おばあちゃん、その他多くのおとなが言っているのを、見たり聞いたりしたことはありませんか？

そしてそれって、身内の人にはあまり言わないけど、初めて会う人や、なかなか会わない人によく言ったりしていませんか？

つまり、「そういうことを言わなければならない」という状況《じょうきょう》や空気を感じ取ることが求められてきた、ということです。

だから、**自分の気持ちよりも先にまず、まわりの様子を見ることが、どうしても習《しゅう》慣《かん》になってしまっている**のです。


それ自体は、私はとてもよいことだと思っています。

相手の気持ちを尊重《そんちょう》しているからです。

だけど、それが行きすぎてしまうと、様子を見すぎて、大事な自分自身の気持ちがそっちのけになってしまい、控えめをとおりこして、人見知りになってしまいます。

家の中では、そういうことは求められないから、家族に対して「人見知り」という人はそうそういないと思います。

また、日本は村社会で、江戸《えど》時代には人口の85％が農民でした。あまり、他人と話す機会もなかったのです。

その中で仲間外れになることは、生きづらくなることを意味していました。

だから、いかにその村の中で、嫌《きら》われずにうまくやっていくかが、生きるために必要なことだったのです。

日本には「出る杭《くい》は打たれる」ということわざもあるとおり、才能《さいのう》があってもあまり出すぎたふるまいをすると、ねたまれたり、にくまれたりするものだったのです。

そのため、目立たないように目立たないように、多くの人は生きてきました。

今でも、その流れが残っているようです。


今は江戸時代とは、だいぶ生活も変わりました。日本の全人口に対して、農業についている人口の割合は、２０２０年にはなんと１％ほどになっているようです。

しかし、おじいちゃん・おばあちゃんの世代、お父さん・お母さんの世代と受けつがれてきた習慣は、そう簡単《かんたん》に変わるものではありません。

今の時代、仕事の多くは、江戸時代に比《くら》べて、まわりの人と話をしたり関わったりすることが多く求められています。

でも、先にお話ししたとおり、控えめでいることが求められる中で生きてきたので、オープンに接《せっ》しよう、ふるまおうとしても、内心ではなかなか気持ちが、その行動に追いつかないということなのです。

おとなだって苦労しているのですから、10代のみんなも、同じような感覚があって当然だと思います。

自分のことを「人見知り」と思っているなら、それはこれまでの日本の環境《かんきょう》が影響《えいきょう》している可能性《かのうせい》もけっこうあるのです。

だからといって、いつまでもまわりのせいにしていては、克服できるものもできません。自分の力で変えていくことができる、ということも同時に知っておきましょう。

「自分は人見知り」は、自分の力で変えていける！

人見知りしちゃう原因《げんいん》① 警戒心《けいかいしん》が強い

さて、それでは人見知りしちゃう原因《げんいん》を、ひとつずつ見ていきましょう。人見知りを克服していくためには、その原因を知っておくことはとても大切なことです。

まずひとつめの原因が、警戒心《けいかいしん》が強いこと。警戒心とは、まわりから何か攻撃《こうげき》されるんじゃないかと心配になって、自分の身を守ろうとする気持ちのことです。

それ自体は、全然悪いことではありません。身の危険《きけん》を避《さ》けようとする本能ですからね。

ただ、**あまりにも警戒心が強すぎると、まわりの人とのコミュニケーションをスムーズに取ることができなくなり、人見知りになってしまう**のです。

とくにはじめて会う人に対して、みんなはどれくらいの警戒心がはたらきますか？

「自分のこと、おかしな目で見られるかな……」

「からかわれたり、イヤなことを言われたりするかな……」

人見知りで困っているみんなからしたら、もしかしたらこんなネガティブ（否定的《ひていてき》）なことを、つい想像《そうぞう》してしまうかもしれませんね。

でも、そんな気持ちもよくわかります。

私は中学2年生のときに転校しました。新しい出会いに対してのワクワクより、新しい環境になじめるかという不安のほうが大きかったと思います。

「グループの輪の中に入れてもらえなかったらどうしよう……」

「友だちはできるかな……」

「いじめられたらどうしよう……」

自分以外はみんな顔見知りで、すっかりコミュニティ（グループ）ができ上がっている中に、たったひとり飛びこむのは本当に勇気がいること。

おとなだってそうです。

でも実際《じっさい》、転校してどうだったかというと、自分が思っていた不安なことはほとんど起こらず、ちゃんと友だちもできました。


今から考えると、そうやって**緊張する気持ちがあったから、変な目で見られたり仲間外れにされたり、そんなひどいことにはならなかった**とも言えるでしょう。

転校に限《かぎ》らず、入学、新学期、席替《せきが》え、新しい部活や習いごとなど、今までとちがう環境や友だちと出会うことがあります。

そんなとき、もしもまったく警戒心がなかったら、空気を読まず、まわりのことを考えず、調子に乗った行動をしてしまい、「変な子が来た」「なんだアイツ〜」と思われるかもしれません。

「警戒」の反対は「油断《ゆだん》」です。

相手のことがよくわからない段階《だんかい》で、自由気ままにふるまってしまったら、一瞬《いっしゅん》で嫌われてしまいますよね。

だから、初めて会う人に対して、警戒心を持つこと自体は悪くないのです。

だけど「グループの輪の中に入れてもらえなかったらショックだから、最初から話しかけないでおこう」といったネガティブな考えはどうでしょう。

せっかく仲良くなるチャンスなのに、最初から〝話しかけないで〟というマイナスのオーラを放つのは、とてももったいないことですよね。

悪いほうへと想像をふくらませすぎないよう、少しずつ警戒心をとく練習をしていきましょう！

警戒心はあってもいい。でも自分で思いこみすぎない

人見知りしちゃう原因②
何を話せばいいかわからない

次の原因は、「何を話せばいいかわからない」です。

はじめて会った人と仲良くなりたいと思うとき、話すネタが思いつかなければ、話しかけるのもためらってしまいますよね。

ただ「何を話せばいいかわからない」＝「話すことや聞きたいことが何もない」というわけではないでしょう。

本当は話してみたいこと、聞いてみたいことがあるのではないでしょうか。

たとえば、おうちはどこなのか、休みの日は何をやっているのか、好きな食べ物は何か、どの教科が好きなのか……。

でも、**無意識《むいしき》のうちに、聞きたいこと、話したいことにフタをして、口に出さないようにしている、という人もいる**と思います。

どうしてためらってしまうかというと……それは、嫌われたくないからですよね。

なんとなく気になることはあるけれど、そんなことを聞くと、引かれてしまうのではないかと不安に思ってしまう。

そうやって、あれこれ考えているうちに、何を話せばいいかわからないという状態《じょうたい》になってしまうのです。

本当は、言いたいことがすぐにズバっと言えたら、いちばんいいですよね。

でも、みんなが人見知りになってしまった原因に、言いたいことを言った結果、思っていたものとちがった反応《はんのう》が返ってきた経験《けいけん》があるから、という人もいるんじゃないかな。

何気なく話したことが、友だちを傷《きず》つけてしまったとか、「え？　そんなこと思っているの？」って共感してもらえなかったとか。

そんな経験をしてきたからこそ、「これ以上、嫌われたらイヤだな……」という気持ちから、口数が少なくなってしまった人もいるでしょう。

そして、そうなってしまった自分のことを、もしかしてずっと責《せ》めたりしていませんか？

必要以上に自分を責める必要はありません。

だってそれは、やさしさの裏返《うらがえ》しだから。

他人のことを傷つけたくないとか、イヤな気持ちにさせたくないとか、そういう気持ちがあるからこそ、言葉を発するのに慎重《しんちょう》になっているんですよね。

今までは、もしかしたら伝え方が悪かったのかもしれない。

みんなが言いたかったことがちゃんと伝わらなくて、誤解《ごかい》を受けただけかもしれない。

おとなの世界でもよくあります。

今までは伝え方がうまくなかっただけだとしたら、これからは話し方や伝え方を勉強しましょう。

自分が本当に言いたいこと、それはみんなの大事な感性でもあるのです。

それを否定しないように、自分自身も大切にしていきながら、上手な伝え方を学んでいきましょう！

自分が思っていること、感じていることを大切にしよう

人見知りしちゃう要因③
相手からの評価《ひょうか》を気にしすぎる

3つめの原因は、「相手からの評価《ひょうか》を気にしすぎる」です。

「あの子から、あんなふうに思われた」
「あいつから、ああいうことを言われた」
「先生から、親から……」

みんなの頭の中はこんな感じで、いつもだれからどう言われたか、どう思われたかということを、ひとつひとつ考えてしまっていませんか。
それも、あんまりよく思われなかったことを思い出したり、忘《わす》れられなかったりして、気づけばまた同じことを考えて、イヤな思いをしてしまったり……。

人はだれでも、よく思われたいものです。

ですから、人から認《みと》められたいって思う気持ちは、とても自然なことです。

ほめられたらうれしいし、悪口を言われたら悲しい。

それは、だれかに教えられた気持ちではなくて、生まれつきだれもが持っている感情です。


そうやって、他人からほめられたい、認められたいっていう気持ちを「承認欲求《しょうにんよっきゅう》」といいます。


「SNSで『いいね！』がいっぱい欲しい！」

「みんなにかわいい！（かっこいい！）って思われたい！」

というのも、承認欲求ですね。

みんな思っていることなので、何もはずかしいことではありません。

ただ、あまりにも承認欲求が強すぎると、自分自身の気持ちがいつも満たされなくなってしまうだけでなく、かえってまわりからイヤがられてしまうこともあります。自分の気持ちに正直になるのはよいことですが、時と場合によって、その欲望《よくぼう》をおさえることを覚えるのも大切です。

「人見知りになってしまう」というのは、まさにその一例です。あまりにも相手からの評価を気にしすぎてしまうと、悪く思われることをおそれすぎて、あまり関わらないようにしようと思ってしまうのです。

では、**どんな人が、承認欲求が強いかというと、自分に自信がない人**です。自分に自信があったら、他人からの評価をおそれすぎることはないです。自分なんてよいところがない、ほめられない存在《そんざい》って思っているから、余計《よけい》にほめられたい気持ちが強くなるのです。

相手からどう思われるかって、自分の力ではどうしようもできないことです。

自分の力で変えることができないことにずっとこだわっていても、ストレスがたまるだけですよね。

それよりも、自分の成長に目を向けたほうがよいです。

相手を変えるより、まず自分を変えることです！

相手からの評価にこだわるより、自分自身が成長すること

人見知りしちゃう原因④
声が小さい、スムーズにしゃべれない

4つめの原因は「声が小さい、スムーズにしゃべれない」です。

声が小さいと、どうしても「え？」って聞き返されてしまったり、まわりに雑音《ざつおん》が多いときなんかは、まったく聞こえなかったりする回数が多くなってしまいます。

そういうときの相手の顔は、もしかしたらちょっとこわい顔をしている人もいるかもしれません。

でもそれは、相手に悪意があるわけではありません。

言葉が聞こえないことにはどうにも返答できないので、どっちかというと困った気持ちを表している表情なのです。

とはいえ、話すほうとすれば、せっかく話したのに、相手から聞き返されると、ますますコミュニケーションに自信がなくなります。

やがて、あまり人に話しかけなくなってしまいますよね。

楽しい話をより楽しく話すには、やはり声は大きいほうがいいです。

人見知りでなやんでいるみんなも、「本当は楽しく話したい、だけどできない」って気持ちがあるから、自分のことを責めたり、なやんだりしてしまうんですよね。

それから、スムーズにしゃべれないと、相手に何を言っているのかわかってもらえなかったり、最後まで話を聞いてもらえなかったりしてしまいます。

思っていることを正しく伝えることも、コミュニケーションを取るには、とても大切なことです。

スムーズに話せないと、いつのまにかちがう話に切りかえられてしまったり、誤解されてしまったり……。

「話が伝わっていないな」って思うと、余計にあせってきてしまいます。

だから、自然と早口になって、ますます自分の頭の中では整理がつかなくなって、最後は自分でも何を言っているのかわからない状態になってしまう……というのが、人見知りあるあるですよね。

私は、言葉の成長がとてもおそい子どもで、3歳ぐらいまで言葉を発することができなかったそうです。

親やまわりのおとなたちがとても心配して、病院に連れていこうかと思っていたくらいです。

小学校に入っても、思うように話すことができなかったので、ひとりで絵や文章を書くのが好きな子どもでした。

そんな内向的《ないこうてき》で話ベタだった私が、今では話し方の先生をしているのは、とても不思議です。

でも、だからこそみんなに言いたいことがあります。

それは**「今はスムーズにしゃべれなくても、トレーニングすれば、いくらでも上達や改善《かいぜん》をすることができる！」**ということ。

みんなは、声を大きくするトレーニングや、スムーズに話す練習をこれまでやったことがありますか？

おそらく、ないと思います。
学校でも教えてくれないしね。
だからこそ、みんなには、のびしろがとても多くあるのです。
この本で一緒《いっしょ》に大きな声が出せる練習をしていきましょう！

大きな声でスムーズに話すことはトレーニングで上達できる

人見知りしちゃう原因⑤ ひとりの時間、家にいる時間が長い

人見知りになる原因は、人によって異《こと》なります。

ここでみんなにお伝えしている原因が全部あてはまる人もいれば、どれかひとつだけの人もいるでしょう。

最後にお伝えする原因は、「ひとりの時間、家にいる時間が長い」です。

ひとりでいる時間が長いと、当然のことながら、人とのコミュニケーションを十分に取ることができず、集団《しゅうだん》の中で生きる力が養われません。

家にいる時間が長くなるということは、家族以外の人との交流が少なくなるということです。

家族以外の人とはどう接したらいいのかな……というのがわからなくなってしまうのです。

それから、ひとりの時間が長くなると、それに慣《な》れてしまうので、だれかに会うといううだけで緊張や不安を感じやすくなります。

コロナ禍《か》で、外出自粛《じしゅく》やステイホームの生活となり、人との交流が少なくなって、以前にも増《ま》してコミュニケーションになやむ人が増《ふ》えたと言われています。

私も、自粛明けの最初の出勤《しゅっきん》は、とても緊張しました！

みんなも、夏休みなど長い連休明けの最初の登校は、緊張すると思います。

人は「社交的な生き物」と言われています。

「社交的」とは、まわりの人と積極的《せっきょくてき》に交流して、コミュニケーションを取ることが得意《とくい》なことをいいます。

他人とコミュニケーションが上手に取れるようになると、自分に自信が持てるようになります。

逆に、人と交流するのが苦手だと、「自分はダメな人間だな……」って落ちこみやすくなります。

つまり、**ひとりでいる時間が長くなると、社交的な自分をつくっていくチャンスさえもないままになってしまう**のです。

「ひとりでいる時間って、まわりの人から何も言われないからラク」って思うときがあるかもしれません。

でも、ずっとそのままだと、自分の世界に入りこみすぎて、いろいろな問題が発生してしまうことがあります。

たとえば、自己《じこ》中心的な考え方になって、相手の気持ちや立場の理解ができなくなってしまったり、「現実逃避《げんじつとうひ》」といって、自分にとって都合の悪い問題や課題からにげて、解決することができなくなってしまったり……。

また、自分の行動範囲《はんい》がせまくなるので、新しい経験や学びを得《え》る機会もにがしてしまうことや、成長が止まってしまうこともあります。

ひとりの時間や、家族といる時間が悪いと言っているわけではありません。
大切なのはバランスです。

もし、今回のこの原因にあてはまると思ったみんなは、少しずつでよいので、人との交流を増やしていくことがとても大事になってきます。
その方法は、この本のあとのほうでお伝えしていきますね！

ひとりの時間と、人と交流する時間とのバランスが大事

そもそも内向的だったか、自信を失ったからか

内向的とは、自分から積極的に行動することが苦手な人のことをいいます。

もともと内向的だったから人見知りになったのか、それとも何かをきっかけに自信を失い、消極的《しょうきょくてき》になってしまったのか……。

みんなは自分自身のこと、どう思いますか？


私は生まれて物心ついたときから、内向的で人見知りな性格でした。

はじめての人はもちろん、よく知っている人とも、うまく話せませんでした。

でも、私にとってはあたり前のことなので、自分では生まれつきの性格だと思いこんでいました。

さらに、中学生になり、国語の授業《じゅぎょう》の教科書読みで声がふるえてしまったことがきっかけで、ますます自信を失いました。

本読みだけでなく、歌のテストやテニスの試合でも、「ふるえたらどうしよう」「失敗したらどうしよう」って、いつもおびえていたのです。

緊張したくないと思えば思うほど、身体が動かなくなり、ミスを連発してしまうようになりました。

そして、失敗することをおそれるあまり、自分から積極的に動くことをしなくなりました。

結局、私は大学進学をあきらめて、人前に出なくてもいい事務職《じむしょく》を選び、高校卒業後に就職《しゅうしょく》したのです。

私が人見知りになっていったのは、自分の内向的な性格と、失われた自信、どちらにも原因があったように思います。

でも、そんな経験があったからこそ、今の私があるということも、また事実です。

内向的で、自信を失った過去《かこ》があったからこそ、同じような経験をしている人たちの気持ちに寄りそって、アドバイスしています。

今の私は、人見知りもあがり症《しょう》も克服したわけですが、かといって、人と会うときに緊張しないわけではありません。

人と会うとつかれることもありますし、大勢《おおぜい》の前で話すときは、今でもめちゃくちゃ緊張します！

自信がないときもあるし、落ちこむときもあります。

そんな私が以前と大きく変わったのは、ありのままの自分の気持ちを受け入れたうえで、失敗をおそれず、どんどんチャレンジできるようになったところです。

たとえ一瞬、こわい気持ちやネガティブな感情がわきあがったとしても、「うん、緊張するのはあたり前だよね」と、いったん受け止めて、最終的にうまくできる方法を考えます。

言い訳《わけ》したり、にげたりもしません。

ここでまた、問題から目をそらしてしまうと、昔みたいにつらく苦しい日々に逆もどりしてしまうことがわかっているからです。

生まれつき内向的だからとか、失敗して自信を失ったからとか、過去のことにとらわれてばかりいても、前へ進めません。

みんなは、まだまだ若《わか》い！

過去は過去として受け入れたうえで、未来への道を切り開いていきましょう。

内向的でも失敗しても、未来は変えていくことができる

「せまい生活」でマスク生活に慣れすぎちゃった？

コロナ禍での生活は、多くの人にとって大きな変化をもたらしました。

おとなも子どもも関係ないので、みんなの生活も、例外ではなかったでしょう。

自粛要請《ようせい》がくり返されたり、外出制限《せいげん》によって自宅《じたく》や近所での行動がメインになったりして、それまでより生活範囲がとてもせまくなりました。


また、マスクの着用があたり前になり、人と接する際にも一定の距離《きょり》を保《たも》ち（ソーシャルディスタンス）、コミュニケーションが制限されてしまうことにもなりました。

みんなの学校でも、給食やランチは黙食《もくしょく》となり、修学《しゅうがく》旅行や運動会などのイベントも中止、合唱《がっしょう》や演奏《えんそう》なども制限され……。

そんなきゅうくつな学校生活を送ってきましたよね。

高校野球の優勝《ゆうしょう》インタビューで、「青春って密《みつ》なので」と発言された監督《かんとく》さんが話題になりました。

まさにそのとおりで、本来、密なはずの学校生活を、みんなは少なからず制限されてきた世代です。

そんな**制限された生活に慣れすぎて、新しいコミュニティや、外の世界に出ることがこわくなってしまった人も、きっといる**でしょう。

ただ、いつまでもコロナの影響を、必要以上にこわがりすぎるのも、よいことばかりではありません。

もちろん、自宅や近所での生活にも、素晴らしいことがたくさんあるでしょう。

リラックスできる環境、安心して暮《く》らせる町、おたがいをよく知っていて助け合える人たち……。

でも、もっと外の世界には、さまざまな刺激《しげき》や出会いがあります。

自分が好きなことや興味《きょうみ》のあることにふれることができたり、新しい人と出会えたりと、外の世界にはたくさんの可能性があるのです。
それを自分から閉《と》ざしたままでいたら、みんなの成長する機会や楽しい未来さえも閉ざしてしまうことになってしまいます。

もしみんなが、せまいコミュニティやマスク生活に慣れすぎていて、「外の世界に出ることがこわい……」と感じていたら、少しずつでもよいので、**「一歩踏み出してみることで世界が広がる！」**という考えに変えていってみましょう。

だんだんと、外に出ることを習慣にしていくことで、自然と「外の世界＝こわいところ」という意識がうすれていったり、人とコミュニケーションをするチャンスを自分からつくっていったりすることができます。

「青春も密」ですし、本来、「人との交流も密」です。

人はひとりでは生きていけないし、今日という日は二度ともどってきません。

一日一日を大切に、多くの人とかかわりをもっていけたらいいですね。

世の中の状況に合わせ、少しずつ世界を広げていこう！

マスクを取って話したら……まったくの別人！

「とうとう！」と言うべきか、「ようやく！」と言うべきか。

２０２３年春より、「マスクの着用については、屋内・屋外を問わず、個人の判断《はんだん》にゆだねる」ことになりました。

この「個人の判断」というのがクセモノです。

もともと、マスクの着用については義務《ぎむ》ではなく推奨《すいしょう》だったはずが、同調圧力《どうちょうあつりょく》の強い日本では、いつのまにか「マスクしない＝非常識」みたいな論調がまかりとおるようになりました。

ついには「マスク警察《けいさつ》」なんていう言葉まで生まれるほどに……。

飲食店に入るときはマスクをつけて、店内では外す。

感染対策《たいさく》のはずが、もはや「通行手形《つうこうてがた》」のような、わけワカラナイ状態になってしまいましたしね。

私は、もともとお肌《はだ》は弱くないのですが、不織布《ふしょくふ》（織《お》っていない布のこと）マスクをつけると途端《とたん》に肌荒《あ》れがひどくなってしまいます。

また、テニスやダンスのときのマスクは、頭がクラクラするほど息苦しくて、「この運動ははたして健康的なのか？　不健康なのか？」と何度も自問自答したほど。

ですから個人的には、自由に外せることは単純《たんじゅん》にうれしいものです！

一方で「マスクを着けているほうが安心。外すのがはずかしい」という意識も、少なからずありますね。いわゆる「顔パンツ」現象《げんしょう》（笑）。

みんなはどうですか。

マスクをしているほうが安心する、はずかしくないという人もいるでしょうね。

とくに、口元にコンプレックスがある人は、そういう思いが強いと思います。

私たちは言葉だけでなく、表情や声のトーン、身ぶり手ぶりなど、さまざまなサインで相手とコミュニケーションを取っています。

マスクをしていると、これらのサインが見えにくくなってしまうため、相手とのコミュニケーションがスムーズに取れなくなってしまうのです。

私は、大勢の前でセミナーや講演《こうえん》をする仕事をしていますが、顔の半分がかくれていて、声も発しない、表情がわからない人を前にしたとき、最初は本当にこわかった覚えがあります。

3年以上、マスクをつけることがあたり前の時期をへて、「さあ外していいよ！」と言われたところで、抵抗《ていこう》なく外すことがむずかしいのもわかります。

みんなにとっての3年は、私たちおとなにとっての3年より長く、密度が濃《こ》いですからね。

でも、**徐々《じょじょ》にでよいので、マスクを外し、顔全体を人に見せることに慣れていってほしいのです。**

自宅や近所、なじみのある場所から始めてみて、少しずつ外す場所や時間を増やしていく感じで、ゆっくりと自分のできるペースで進めていけばＯＫです！

また、筋肉《きんにく》は動かさなければおとろえてしまうので、マスクを外せる場面で大げさに表情をつくったり、声を出したりして、顔の筋肉を動かしてみましょう。

ノンマスクのメリットは、なんといっても、おたがいに表情が見える安心感です。

ありのままの自分を表現しましょう！

少しずつでもマスクを外し、自分を表現することを目指そう

「スクールカースト」が人見知りをエスカレートさせる

「スクールカースト」っていう言葉、みんなは聞いたことがありますか。

人見知りというのは、人と接するときに、緊張や不安を感じてしまい、積極的に話をすることができない状態のことでした。

このような状態におちいる原因はさまざまありますが、スクールカーストという社会現象が、人見知りをエスカレートさせているとも言われています。

スクールカーストとは、学校や職場などで、上位グループと下位グループに分かれ、格差や不平等が存在する状態のことをいいます。

みんなのクラスでは、大きな声で話す子や、大きな声で笑う子たちが、クラスを支配《しはい》しているような雰囲気《ふんいき》はありませんか。

自分たちの都合のいいように物事を進めたり、自分の興味のあることにはぐいぐいと自分の考えをおしとおそうとするけど、反対に興味のないことになるとまったく話を聞かず、知らんぷりだったり……。

スクールカーストで上位グループに属《ぞく》する人たちは、人気者やリーダー的存在としてあつかわれて、下位グループに属する人たちは、見下されたり、軽視《けいし》されたりすることが多いようです。

一般的《いっぱんてき》に「陽キャ」と言われ、性格が明るく、人づき合いが得意で活発な子や、チャラい子、ギャルふうな子が、上位グループにいるようです。

逆に「陰《いん》キャ」と言われる、言動や雰囲気がおとなしい子、うしろ向きな子、インドア派の子が、下位になると言われています。

もちろん、その限りではありませんので、決めつけないようにしてくださいね。

このような環境に置《お》かれると、下位グループに属する人たちは、自分が受け入れられていないという不安や緊張を感じ、人見知りな子がさらに人見知りになってしまうという傾向《けいこう》があります。

反対に、上位グループに属する人たちは、自信を持って行動できるため、ますます自然に自分を表現するようになっていくのです。

私が子どものころは、スクールカーストという言葉も、「陽キャ・陰キャ」という言葉もありませんでした。

しかし、それでも私はまちがいなく、今でいう「陰キャ」でしたし、一軍ではなく二軍でした（笑）。

でも今は、好きな仕事をして、世の中の役に立ち、大勢の前で伝えるべきことを伝えることができています。

自分的に、決して「下位グループ」ではありません！

みんなも、だれかの評価や基準で、自分の立ち位置や価値を決める必要はありません。

私はみんなに、自分自身を信じて、自分らしく輝《かがや》いてほしいと心から思いながら、この本を書いています。

「陰キャ」なら「陰キャ」の人だからこそ、持ち合わせている魅力《みりょく》や素晴らしいところがたくさんあります。人の気持ちがわかる、相手の気持ちを尊重できる……。ほかにもたくさんありますよね。

そういういいところはそのままで、より成長していこうとする気持ちが、何より尊《とうと》いのです。

自分たちの才能や能力を信じて、自分自身を育てていくこと

第2章

おどろくほど簡単に人見知りがなくなる

授業《じゅぎょう》だけがすべてじゃない。部活動をやってみない？

ここからは、人見知りがなくなる方法を少しずつお伝えしていきますので、自分にあった方法を見つけて実践《じっせん》してみてくださいね。

みんなは、部活動やクラブ活動に参加していますか？

学校での授業《じゅぎょう》はもちろん大切ですが、部活動や課外学習に参加することで、新しい友だちを見つけるチャンスが広がります。

「え〜、人見知りだから、そういう輪の中に入っていくのはすごく苦手……」と思った人は、もしかしたら部活動に対する思いこみが強すぎるのかもしれません。

部活動は、スポーツだけではありません。文化系など、さまざまな種類があります。

また、活動の内容《ないよう》も「ゆる部活」もあれば「本気部活」もあります。

どんな部活動があるかは学校によりますが、スポーツであれば野球、サッカー、テニス、バレーボール、バスケットボール、水泳、陸上競技《きょうぎ》、卓球《たっきゅう》など、文化系であれば、吹奏楽《すいそうがく》、合唱《がっしょう》、美術《びじゅつ》、写真、将棋《しょうぎ》、さらにはマンガ研究会やクイズ研究会などもあるかもしれませんね。

自分が興味を持っているものに参加してみることをオススメします。

日常生活の中だけでは、なかなか人と人との結びつきや絆《きずな》は発生しにくいものですが、同じ趣味《しゅみ》や目標を持つ仲間とすごす時間は、かけがえのないものです。

私は中学1年生のとき、卓球部でした。

1年生はひたすら筋《きん》トレと素振《すぶ》りと球拾い。2年生になると試合に出られるので続けたかったのですが、中学2年生でお引っ越《こ》しをすることになってしまいました。

転校先では、2年生の途中《とちゅう》から入部する勇気はなく、それ以降は帰宅部《きたくぶ》でした。

高校に入学し、新しいことにチャレンジしたくて、まったくの未経験《みけいけん》ですがテニス部に入りました。

県内でも強い高校で、当時の部員は１００名以上！

まわりはみんな経験者で強い子ばかり、練習はかなり厳《きび》しく、ずっと帰宅部で体力のなかった私はついていくのに必死でした。

でも、人一倍努力をして、最後は未経験者としては唯一《ゆいいつ》のレギュラーになることができました。

今とは時代もちがい、一日中炎天下《えんてんか》で、お水も飲めないキツすぎる練習も、今となってはいい思い出です（笑）。そのころの仲間とは、今でも交流があります。

部活動での経験は、友だちづくりや人見知り克服《こくふく》のためだけでなく、人生において役に立つことも多いです。

人間関係や上下関係、時間管理、リーダーシップなど、多くのスキルを身につけることができます。

先生や先輩《せんぱい》など目上の人にきちんとあいさつする、仲間を全力で応援《おうえん》する、時間や約束を守る、道具を大事にする……すべて部活動をとおして学んだことです。

また、部活動での経験は、自信や自己肯定感《じここうていかん》を高めることもできます。

自己肯定感とは「自分のことが好き」と思える気持ちのこと。

「あんなつらい練習を乗り越えられた自分スゴイ！」

「目標に向かってがんばるってステキ！」

30年以上たった今でも、テニス部時代の経験が私を支えてくれています。

もし今、少しでも興味があること、チャレンジしてみたいことがあったら、部活動や課外活動に積極的《せっきょくてき》に参加して、新たな可能性《かのうせい》を広げてみるのもオススメです！

学校は授業だけじゃない、部活動で自分の居場所《いばしょ》をさがそう

「学校の外」に人生を変える経験が待っている

私は幼《おさな》いころから人見知りで、はじめて会う人や知らない人に話しかけることがとにかく苦手でした。

高校の部活動での経験を通じて、いつも一緒《いっしょ》にいる友だちとはそれなりに話せるようになりましたが、知らない人と会うときはいつも緊張《きんちょう》していました。

そこで、高校１年生のとき、勇気を出してアルバイトを始めることにしました。

最初のアルバイト先はケーキ屋さん。冬休みを利用して、クリスマスと年末年始の短期のバイトです。

ショーケースをのぞくお客様に「いらっしゃいませ！」「ご注文がお決まりでしたらどうぞ！」と声をかけるのですが、最初は緊張で声がうわずってしまったり、ケーキを箱に詰める手がふるえてケーキをたおしてしまったり、うまく包装《ほうそう》できず包装紙がぐちゃぐちゃ……なんてこともありました。

たくさん失敗もしましたが、お金をかせぐ大変さも身に染《し》みてわかって、今度は長期で接客業《せっきゃくぎょう》に取り組んでみようと、マクドナルドではたらくことにしました。

短期バイトとちがい、ちゃんとした店長面接《めんせつ》もありました……はじめての採用試験に超ドキドキ！

無事、採用され、まずは見習いとしてスタート。接客マニュアルを徹底的《てっていてき》にたたきこまれ、トレーナーについて仕事を覚えます。

マクドナルドではアルバイトのことを、ひとつの船でともにはたらく「乗組員」にたとえて「クルー」と呼びます。

クルーには階級があって、昇任昇給《しょうにんしょうきゅう》するにも試験があり、その都度緊張しましたが、仕事ぶりが認《みと》められると自信につながりました。

注文を受けてレジを打つだけでなく、商品をオススメしたり、ときにクレームを受けたり、社員さんに報告《ほうこく》したり、後輩を助けたりする中で、仕事は決してひとりではできない、協力し合うことが大事ということを学びました。

また、10代の高校生から70代の方まで、さまざまな年齢《ねんれい》や性別の方とふれ合う中で、いろんな考え方や価値観があることも知りました。

それまで親に任《まか》せきりだったお掃除《そうじ》やゴミ出し、資材《しざい》の補充《ほじゅう》や配膳《はいぜん》などをおこなうことで、親のありがたみもよくわかりました。

家と学校の行き来だけでは決して知ることのなかった世界を知れて、少しだけ強くたくましくなれた気がしました！

それと、お金の大切さと、はたらく喜《よろこ》びも味わえました。

学校と部活、習いごと、そしてバイトと、ハードな毎日だったけれど、がんばって高校卒業まで続け、貯《た》めたお金で高校卒業とともに車の運転免許《めんきょ》を取り、中古ですが自分の車も買いました。

苦労してはたらいたお金で、やりたいことができる！

そんなかけがえのない経験ができたのです。

私の父親はよく「はたらく」とは「はた（傍）をらく（楽）にすることなんだよ」と言っていました。はたらくのは、ただお金をかせぐだけでなく、まわりや世の中の人を楽にする、楽しませることだと。

人見知りで引っこみ思案《じあん》だった私が、はたらくこと、つまり人の役に立てることで、自信を持つことができたのです。アルバイトの経験は、多くのことを教えてくれました。

みんなは、まだ外でアルバイトするには早いと思います。

ですからここでは、学校の外で活動することが、人見知りの克服につながることもある、ということを覚えておいてくださいね。

人見知り克服には、学校の外に出てみる経験もオススメ

マスク生活で「表情筋《ひょうじょうきん》」がおとろえていませんか？

第1章で、長いマスク生活による顔の表情《ひょうじょう》のおとろえのお話をしました。

みんなはどうですか？

マスクをしていると、呼吸《こきゅう》はどうしても苦しくなってしまうし、大きな口を開けようとしてもなかなか思うように動かないので、話すのもおっくうになってしまいますよね……。

顔の表情をつくるためにはたらく筋肉《きんにく》のことを、表情筋といいます。

表情筋は、目や口のまわりなど、顔の特定の部位に存在《そんざい》していて、それぞれの筋肉が微妙《びみょう》に異《こと》なる動きをすることで、豊《ゆた》かな表情をつくり出しています。

たとえば、笑顔をつくる「口角筋《こうかくきん》」。口角筋とは、くちびるのまわりをかこんでいる筋肉のことで、口の両脇《りょうわき》が上がることで笑顔の表情になります。

それから、怒《いか》りやおどろきなどの感情を表現《ひょうげん》する「眉間筋《みけんきん》」。眉間筋とは、眉《まゆ》と眉のあいだにある筋肉のことで、縦《たて》ジワになると怒《おこ》った表情や困《こま》った表情になります。


このように、人とのコミュニケーションにおいて、表情筋はとても重要な役割《やくわり》をはたしています。


怒った顔をしている人が話しかけてきたら、それだけでドキッとしてしまいますし、笑顔の人を見ると、それだけで元気が出たりしますよね！

長いマスク生活により、表情がとぼしくなってしまうと、コミュニケーションがスムーズにいかなくなってしまうのです。


でも大丈夫《だいじょうぶ》！

おとろえてしまった筋肉は、また、きたえなおせばいいのです！

表情筋をきたえるために、次のことをおこないましょう。

①鏡《かがみ》の前で笑顔の練習をしてみよう

笑顔や表情を変える練習をすることで、表情筋をきたえることができます。

口角を上げて、上の歯が8本以上見えるように、目尻《めじり》は下げて鏡の前で笑顔をつくり、1分間キープしてみましょう。慣《な》れないうちは、筋肉がプルプルしてくると思います。

でもそれは、ちゃんと筋肉を使えている証拠《しょうこ》。だんだん力がついていくと、プルプルしなくなってきます。

②もっと口を動かす練習をしてみよう

表情筋は、口のまわりに集中しています。そのため、たくさん口を動かす練習

をすることで、表情筋をきたえることができます。
くちびるを丸めたり、口を大きく開けたりする練習をおこなうとよいでしょう。

③だれかと話してみよう

身近な人、話しやすい人でよいので、だれかと話してみましょう。笑顔で表情豊かに話すのがオススメです。

身体と同じで、お顔も筋トレできるんですね。
推《お》しのアイドルをイメージするのもＯＫ。
みんなで素敵《すてき》なスマイルを目指しましょう！

表情筋をきたえることも、人見知り克服につながる

鏡の前で笑顔、そしてイメージトレーニング

おうちでどれだけ笑顔の練習をしても、いざ人前となると、笑顔をつくるのが苦手だという人、いますか？

は～い！　過去《かこ》の私です（笑）。

子どものころの家族写真や学級写真、卒業アルバムなど、私はぜ～んぶ無表情です。消し去りたい過去ですが、今、人見知りを克服して思うのは、**「楽しいから笑う」のではなく、「笑うから楽しくなる」**ということです。

みんなは「笑う門《かど》には福来《ふくきた》る」ということわざを知っているかな？

つらいことや悲しいことがあったときでも、笑顔を絶《た》やさず、前向きな気持ちでほが

らかにすごしていれば、幸福がおとずれるだろうという意味です。

笑顔って、いつでもどこでも簡単《かんたん》に、しかもお金がかからず、自分でつくることができるのです。


「でも、つくり笑顔じゃ意味なくない？」と思った人、大丈夫です！

つくり笑顔でも、脳《のう》はちゃんと「私って楽しい！　シアワセ！」と判断《はんだん》します。

あらためて笑顔の効果《こうか》を、３つあげてみますね。

①ポジティブな印象《いんしょう》をあたえる

笑顔の人と、こわい顔の人、どっちのほうが仲良くなりたいと思うかは……聞くまでもありませんよね。

赤ちゃんに、笑っている顔の写真と怒っている顔の写真を見せると、笑っている顔の写真のほうに多く顔を向けるという実験データもあるくらいです。

見た目だけで損《そん》をしてしまうのは、とてももったいないですね。

②自信がつく

笑顔になると、不思議と気持ちもポジティブになり、自己肯定感が高まってきます。自己肯定感とは「自分のことが好き」と思える気持ちのこと、でしたよね。この気持ちになると、何事にも自信がついてきます。

③相手も笑顔になる

こちらから笑顔で話しかけると、相手も自然と笑顔を返してくれることを、心理用語で「笑顔の返報性《へんぽうせい》」といいます。

歌番組やライブ映像《えいぞう》を観ていて、アイドルがこちらに向かって（実際にはカメラにですが）ニッコリとウィンクでもされたら、それだけでファンになってしまいます♡

それほど笑顔には破壊力《はかいりょく》があります！

私は、幼いころから30歳まで、極度のあがり症で人見知りだったのですが、「自分から笑顔であいさつする」ことだけは心がけるようにしました。

ご近所さん、バスや電車の運転手さん、お掃除や受付のスタッフさん……1日にすれちがう人はたくさんいます。

そうしているうちに、昔は写真に写るのも苦手でしたが、今は自然に笑うことができるようになりました。

みんなも、家族、近所の方、学校の友だちや先生などに会ったら、ニコッと笑顔を向けてみてください。

毎日がイキイキとすごしやすくなること、まちがいなしです！

笑顔をつくると自分も変わるし、相手も変わる

雑談《ざつだん》にルールはない。まずは3分、楽しめればOK

みんなは「雑談《ざつだん》」っていう言葉を知っていますか？

辞書で引くと「さまざまな内容のことを気楽に話すこと。また、その話。とりとめのない話」と出てきます。つまりフリートークですね。

お笑い好きの人なら、テレビ番組の『人志松本《ひとしまつもと》のすべらない話』や『人志松本の酒のツマミになる話』、『アメトーーク』内の「立ちトーーク」などで観たことがあるかもしれませんね。

あんな感じで、**テーマは自由、台本もなく、何を話してもOKという状況《じょうきょう》は、プロの芸人さんでもむずかしいものです。**

ルールや決まりごとのない雑談は、思いもよらなかった出来事や新たな発見、おもしろい話を生み出すこともあります。

学校の委員会やクラス活動みたいに、特定のテーマや目的があるわけではないので、枠《わく》にはまらない意見や、思っていることをそのまま伝えることができます。

自由な発想をすることで、想像力《そうぞうりょく》（見えないものをイメージする力）や、創造力《そうぞうりょく》（新しい何かをつくり出す力）がきたえられていきます。

そうすると、みんなの見える世界が広がって、変わってくるかもしれません。

さらに、**雑談はリラックスした状態《じょうたい》で話してよいのがポイント**です。

ホームルームとかだと、なんだか空気がピーンと張りつめていて、気楽に発言できない雰囲気《ふんいき》ですよね。

もちろん、ふざけすぎるのもＮＧ。

でも、雑談では、笑ったり、ふざけ合ったりしてＯＫ！

あまりむずかしく考えないで、「まずは３分、楽しければＯＫ！」と思って、会話してみてくださいね。

ただし、雑談にも注意点があります。

それは、相手の気持ちを考えることです。

いくら自由だからといって、相手がイヤがることを話すとか、相手が楽しいと感じていないのに、一方的に自分が話し続けることがないようにしましょう。

また「雑談は楽しい時間」ですが、それは「自分だけが楽しければいい」というわけではないことを忘れずに。

相手の話に耳をかたむけたりしながら、おたがいの気持ちを尊重《そんちょう》し合うようにしましょう。

さらに、イヤなことや嫌《きら》いなこと、人の悪口や気に入らないことなど、暗い話題ばかりだと、たとえ親しい友だちでも、楽しくありません。

なるべく明るい話題、前向きな話のほうが、「この人ともっと話したい！」と思ってもらえるでしょう。

雑談は、相手との距離をぐっと縮《ちぢ》めたり、絆を深めたりすることができる素敵なコミュニケーションです。

まずは3分、笑顔で好きなことを話してみましょう！

雑談は自由でいい。相手を思いやりつつ楽しむつもりで

雑談中に「シーン」となっても問題ないよ

だれかと話しているとき、急に「シーン」となってしまうことってありますよね。

人見知りの人はとてもやさしいので、それを自分のせいだと思って、あせったり、自分を責《せ》めてしまったりします。

だからシーンとならないように会話を続けたいと思うし、だけど上手につなぐことができなくて、ますます落ちこんでしまう……人見知りさんあるあるでしょう。

会話がとぎれることは、じつはよくあることですから、そんなに気にしなくても大丈夫です。

そんなときの相手は、とくに何も考えていなかったり、「今日の夜ごはん何かな？」ぐらいのことしか考えていなかったりします。

それでも、やっぱり気になるという人には、いくつか対策《たいさく》があります。

会話を続ける方法や、気にしすぎないためのヒントを紹介《しょうかい》するので、やってみてくださいね。

①会話のテーマを事前に考えておく
雑談中に会話がとぎれるのを避《さ》けるには、テーマを事前に考えておくとよいです。

たとえば、最近見た動画や読んだ本、興味のある趣味や音楽など。日ごろから、いろんなことに興味を持っておくといいですよ。

②質問《しつもん》を使って会話を続ける
相手の趣味や関心ごとについて質問したり、「これってどう思う？」などと意見を聞いたりすることで、会話がスムーズに進みます。

また、相手が話しているときは、「うんうん！」「そっか〜」「なるほど！」などのあいづちやリアクションを忘《わす》れずに！

③空気の入れかえタイムと思う

同じ人とずっと会話していると、どこかで飽《あ》きてきたり、つかれてきたりするものです。

同じ部屋にずっといると息苦しくなるように、ずっと学校の授業を聞いていると眠くなるように（笑）。

ですから、会話にもひと休み、ブレイクタイムが必要です。

会話がとぎれたときは、深呼吸してもいいし、一口水を飲んでもいいし、窓の外に目をやってもＯＫ！

一時的な空気の入れかえタイム、リフレッシュタイムと思いましょう。

おたがいの頭の中もリラックスして、自然と次の話題に移《うつ》ったりします。

④シーンとしても自分を責めない

いちばん大事なのはコレ。

一瞬シーンとしたからといって、「やっぱり自分はダメだ……」なんて思う必要はまったくありません！

むしろ、マシンガントークといって、相手に言葉をはさむ余裕《よゆう》さえあたえないような一方的な話し方のほうが問題です。

ここで4つのポイントを紹介しましたが、たとえ会話がうまく続かなくても、自分で自分を追いこむことはやめましょう。

ムリなく、休憩《きゅうけい》をはさみながら、少しずつコミュニケーションを楽しんでいってくださいね！

シーンとなったら「会話の小さな休憩」と思って

話せない？　だったら聞き役でいこう！

自分のことを話すのが苦手だなと思う人は、ぜひ「聞き上手」を目指しましょう。

聞き上手とは、相手の気持ちに寄《よ》りそいながら、相手の話を最後まで聞くこと。

……じつは、簡単そうでめちゃくちゃむずかしいです！


人は、自分のことをいちばんに考えがちなので、途中で口をはさまずに、最後まで聞くことができないことが多いのです。

とくに、おしゃべりな人は、ついつい相手の話をうばってしまいがち。

たとえば相手が、

「最近、ちょっと落ちこむことがあってね……」と話し始めると、

「そうなんだぁ。私もね、最近あったんだよ、昨日、友だちと話していたら……」

という感じで、いつのまにか会話ドロボウしちゃったりして（苦笑）。

聞き上手な人は「そうなんだね、何かあったの？」と聞き役に徹《てっ》します。

たとえ、自分にも最近、何か落ちこんだことがあったとしても、それは相手の話を聞き終わってから。

どう反応《はんのう》すればよいかわからない場合は、「オウム返し」だけでも十分。

オウム返しとは、相手が言った言葉をくり返すことです。

たとえば「友だちにラインしたんだけど、私にだけ返事くれなくて……」って言われたら、「そっか、返事くれないんだね」みたいな感じです。

そうすると、相手は話しやすくなります。

「うん。ほかの人にはすぐに返事しているみたいなんだけど、なぜか私には……」という感じで、話が続いていきます。

適度《てきど》なあいづちやリアクションも忘れずに！

「あいづち（相槌）を打つ」とは、昔の鍛冶屋《かじや》さんでふたりの職人《しょくにん》が交互《こうご》に槌を打ち合わすことが語源です。

現代では、相手の話にうなずいたり、「うんうん」と反応することをいいます。

まったくリアクションしないと、相手から「聞いてないのかな？」「嫌われているのかな？」って思われてしまいますからね。

おもしろい話をたくさんできる人が、話し上手なのではありません。

人の話を上手に聞ける人が話し上手です。

話している人の思いや気持ちを受け止めることができると、相手はどんどん心を開いていきます。

そうすると、強い信頼《しんらい》関係が生まれ、人間関係がスムーズになります。

また、聞き上手になると、情報《じょうほう》がたくさん集まりやすくなります。

だれだって、話していて気持ちのいい人には、もっと話したくなりますよね。

一方で、自分のことばかり話してきたり、言ったことを否定《ひてい》して自分の考えをおしつけてきたりしてくる人などには話しかけたくなくなります。

おとなの社会では、「どれだけ情報量を持っているか」あるいは、「価値のある情報を知っているか」で評価《ひょうか》されることが少なくありません。

今のうちから聞く力を身につけておくと、おとなになって社会に出てからも、最強のコミュニケーションスキル（長所）になりますよ！

聞き役から「コミュニケーション上手」になることもできる

「おもしろいこと」なんて言えなくていい

みんなの学校には、みんなから人気がある子っているかな。

クラスの人気者って、スポーツができたりして、明るくておもしろい子っていうイメージですよね。

私は学生時代、なんのとりえもなく内気な子でした。

今でいう「陰《いん》キャ」。

ですから、そんな「陽キャ」の子を、うらやましく思っていました。

とくに、みんながワーキャー盛《も》り上がっていたり、自己紹介で自分より前の番の子のときに笑いが起きていたりすると、「自分が話すと盛り下がるんじゃないか」ってドキドキ・ブルブルしていました。

でも、今思うのは、おもしろいことを言う人も素晴らしいけど、みんなはみんなのままの姿で素晴らしい存在だということ。

みんなそれぞれ、異なる特徴《とくちょう》や強みを持っているからです。

たとえば、やさしい言葉をかけることができる、だれかを思いやることができる、だれかの気持ちに共感することができる、だれかの話を聞くことができる、我慢《がまん》することができる、新しい発想ができる、勇気がある……。

あげればキリがないほど、素晴らしい素質や能力があります。

「おもしろいことを言えるかどうか」だけで、自分を評価する必要はないですし、そもそも自分と他人を比較《ひかく》しなくていいのです。

人見知りの人は「内省的《ないせいてき》」と言って、自分自身の内面を見ることが習慣《しゅうかん》になっている人が多いです。

気がつけば、自分のしてきたことをふり返ったり、自分の考えや気持ちについて反省したり……ということをしています。

「あのとき、ああすればよかったな。ああ言えばよかったな」

よくこのように思う人は、そういう傾向《けいこう》が強いかもしれませんね。

この特徴がある人は、たとえば相手の話に耳をかたむけることができるとか、共感することができるとか、思いやる気持ちを持てるとか、人としてとても大事な力がそなわっていることが多いです。

前の項目《こうもく》でもお伝えしましたが、そういう人にはとても話しやすいのです。

つまり**「人見知りだからこそ、ほかの人が心を開きやすくなる」**ということが言えます。

じつはこれって、すごい強み！

だから、無理におもしろいことを言うことにだけ、こだわる必要はありません。

どうすれば自分自身をいちばん表現できるかな、といったことを考えてみるとよいでしょう。

ときには、悲しんでいる人といっしょに悲しんだり、元気がない子に寄りそったりと、いつもおもしろいことばかり言わなくてもいいのです。

そんなふうにみんなが持つやさしさや思いやりを、ほかの人にも分けあたえるように行動してみましょう。

きっとそういう人って、どんな場面でも必要とされる存在であること、まずまちがいないです！

「おもしろい」より「やさしい」が求められることも多い

自信を持てる「何か」を見つけよう

いつも人と接《せっ》するときにオドオドしてしまうのは、自分に自信がないからとも言えます。

「自信」とは「自分を信じる」と書きます。

自分を信じる力は、人生においてとても大事なことです。

自信を持つことで、新しい何かに挑戦《ちょうせん》しようという気持ちになったり、むずかしい状況や困った状況になったりしたときでも、立ち向かっていく勇気を持つことができます。

もしみんなが今、自分に自信を持てないとしても大丈夫。

これから自信を持てる「何か」を見つけるヒントをお伝えしますね。

まずは、自分を無条件に受け入れること。

「全否定《ぜんひてい》」という言葉を聞いたことはありますか？

あらゆる考え方や意見、行動、人に対して否定的なスタンスを取ることです。

人見知りでなやんでいる人は、自分自身に対して、この全否定のスタンスを取ってしまっている人がいます。

「自分は自分で丸ごとOK！」と思う気持ちから始めましょう。

だれにでも長所と短所がありますが、悪いところばかり気にするのではなく、よいところに目を向けるようにしましょうね。

だれかと比《くら》べて落ちこんだり、自分を責めたりしないように。

次に、打ちこめる何かを見つけましょう。

たとえば、勉強やスポーツ、音楽や本、映画《えいが》など、そのことに夢中になったり、得意《とくい》になったりすることで、自信を持つことができるようになります。
好きなことをしているときって、努力しているとか苦労しているとか、そういう意《い》識《しき》ってないですよね。

「楽しいからやる！　やりたい！　ただそれだけ！」

たったひとつでも、そう思えるものに出会えると、自分の強みや魅力《みりょく》に気づくことができます。
そうすると、集中力や根気強さも高まってきて、不思議と勉強が前よりできるようになったり、ほかのことにも熱中できるようになったりします。

私はもともと運動が大の苦手だったのですが、高校のときにテニス部に入り、3年間続けることができたおかげで、それからはスポーツ全般《ぜんぱん》が好きになりました。
おとなになった今でも、やったことのないスポーツやダンスにも積極的に挑戦できるように！

ちなみに、今挑戦しているのはチアダンスです。

まったくの未経験ですけれど（笑）。

興味を持つ対象は、そんなに立派なことじゃなくてもOKです。

頭の中を自由にして、興味あるものをさがしてみてくださいね。

興味あることに使う時間を増《ふ》やそう。自信につながる！

みんな「人見知り」の仲間、ということを忘れない

人見知りって、どちらかというとネガティブな（よくない）イメージのほうが強いですよね。

なかには、おとなでも「私、人見知りなので～」と言う人もいますが、自慢《じまん》というよりは「人見知りだから、コミュニケーションが苦手だけど、ゆるしてください！」というような意味で使われます。

それか「人見知りだね」って言われる前に、自分から宣言《せんげん》しておくことで、言われたときのダメージをなくすため、というのもあるかも。

どちらにしても、自分を守るために言っているようなものですね。

それはやっぱり、「人見知り」という言葉に対して、どこかはずかしいイメージがあるからだと思います。

だから、みんな自分から言いふらさない。

「かくれ人見知りさん」が多いということですね。

第1章でもお伝えしましたが、あるデータによると、日本人の約7割の人が人見知りだそうです。

1クラス30人だとすると、20人以上が人見知りということになります。

まあまあ多くないですか？

人見知りってどんな人か、もう一度思い出してみましょう。

たとえば、クラス替《が》えがあって、仲のよい友だちと離《はな》れ離《ばな》れになってしまったとき。

新しい学校に進学して、まわりが知らない人ばかりになったとき。

そんな状況に対して、緊張や不安を感じるのは、ごく自然なこと。

でも、一部のにぎやかで楽しそうな人を見ると、自分はちがうと落ちこんだり、自信をなくしたりしますよね。

人は、新しい環境《かんきょう》や、よく知らない場所を、「こわい」と感じるようにできています。

第1章でも学びましたが、これを「警戒心《けいかいしん》」といって、自分自身を守ろうとする本能です。

それを「こんなにおびえてるのは自分だけ」と思いこんでしまうと、やがて孤独《こどく》になっていきます。

多くの人が感じている気持ちなのに、それを人には打ち明けられなくなっていって、なやみが大きくなっていくのです。

だからこそ、そんなみんなに何度でも言いたいことあります。

それは、

「みんな人見知りの仲間」ということを忘れないでね！

ということです。

ひとりでなやんでいるとき、同じなやみを持つ人と知り合えたら、とても安心しますよね。

だから、みんなが「クラス替えって緊張するよね～」って自分から言ってあげたら、その言葉に救われる人がまわりにいっぱいいるということです。

自分がなやみを打ち明けることで、だれかの助けになる。

そして、それが自分の勇気にもなる。

この経験は、みんなを強くやさしくします！

人見知りでなやんでいる人は、まわりにたくさんいる

「私、人見知りなんで」と言うのもアリだけど……

先ほどの項目《こうもく》で、自分が人見知りと言っちゃうことについてふれましたが、それをするには気をつけることがあります。

世間的に、人見知りに対するイメージよりも、「私、人見知りなんで」と言う人へのイメージのほうが悪くとらえられる場合もあるからです。

「(私、人見知りなんで) 話しかけないよ」
「(私、人見知りなんで) 話しかけないでね」

言葉足らずだと、そういうふうに思われてしまうこともあるからです。

「自分はみんなとはちがう」ということをアピールしすぎて、本来の目的とはちがう方向にいかないように注意しましょう。

自分のことを人見知りと思っている人は、みんなが思っているよりもたくさんいます。ただ、そういう人たちの中にも、なんとか会話をして仲良くしようと努力している人もいます。

だからみんなも、ただ「人見知り」であることを言い放つだけではなくて、そのあとに続く気持ちも、ちゃんとセットで伝えるようにしましょう。

今は人見知りかもしれないけど、どうなりたいんでしたっけ？

その想いを伝えれば、単なる「私、人見知りなんで」とはちがった印象になります。

たとえば、

「初対面の人に緊張してしまって……だから、もしかしたら不愛想《ぶあいそう》に見えるかもしれないけど、仲良くしたい気持ちはあるよ！」

と伝えたらどうでしょうか。

このように、一生懸命《いっしょうけんめい》な気持ちが伝わるような言い方をすれば、悪く思う人はほとんどいないです。

大事なのは、自分のことばかり考えないこと。
「自分は大変」だけを伝えるのではなくて、「どうしたい」という、相手への思いやりの気持ちを伝えることも大切です。

少しちがう言い方をすると、まわりの人たちは、みんなが人見知りかどうかっていうことは、じつはそこまで意識していません。

それよりも大事なことは、自分に対してどう接してくるのかな、どう思っているのかな、ということです。

だから「私、人見知りなんで」と伝える人に対しての思いやりの気持ちは、忘れずに言うようにしましょう。

とくに、距離《きょり》を置きたいと思っているのではなく、仲良くなっていきたいと思っているのなら、相手への思いやりは大事です、

本当は仲良くなりたいという気持ちがあったとしても、「私、人見知りなんで」で終わってしまうと、どうでしょうか。

「私とは話したくない、仲良くなりたくないってことかな？」と、まったく逆の意味に取られてしまうこともあるのです。

それは悲しいですよね。

誤解《ごかい》を受けないように、大事なひと言はがんばって伝えるようにしましょうね！

人見知りアピールには「仲良くしたいアピール」もセットに

第3章

すぐにだれとでも打ちとける方法がある！

初対面では、とくに人見知り発動

ここからは、すぐにだれとでも打ちとける具体的な方法について、お話ししていきます。

人見知りのみんなが、いちばん苦手なシチュエーションといえば、はじめて会う人と話すときじゃないかな。

「どんな人かな……」という不安と、「仲良くなれたらいいな……」というワクワクが入りまじったような気持ち。

じつは、それはおとなも同じ。

新しい人と出会うときは、自分がどう思われるかが心配になります。

そう思うことは、とても自然なことです。

初対面の人と、新しい友だち関係や適度《てきど》な距離感《きょりかん》を築《きず》くためには、ある程度の時間が必要です。

なので、絶対《ぜったい》にあせらないこと。

あせって、相手に気に入られようとして、本当の自分ではない自分を演《えん》じてしまって、その結果、気に入られたとしても、いつかそんな自分（本当の自分じゃない自分）につかれてしまいます。

あせらず、自分のペースで進めていくこと。

また、自分自身を素直《すなお》に表現《ひょうげん》すること。

じつはこれが、だれかと打ちとけるにはとても大切なことです。

反対に、ほかの人が、本当の気持ちにウソをついて、自分と仲良くするために、無理して話を合わせていることがわかったらどう思いますか？

きっと「そんな無理しなくていいよ」って思ったり、「合わせてくれてゴメン」っていう気持ちが芽生えてくると思います。

一見よい関係に見えますが、どちらかが無理をしている状態《じょうたい》は、本当に心をゆるせる関係とは言えないのです。

本当の自分をかくしてしまうと、一時的には気が楽で、安心感を得《え》られるかもしれません。

でも、のちのち苦しくなっちゃったりするということです。

ここが、人見知りを克服《こくふく》したいって思うみんなには、超《こ》えていく最初のハードルかもしれませんね。

だからと言って、いきなり相手に自分のすべてを明かしたほうがいい、ということではありません。

個人的なことや、本当の気持ちをだれかと共有するときは、相手との距離や信頼度《しんらいど》に応《おう》じて、少しずつ解放《かいほう》していきましょう。

それで、相手の反応や関係が自分の望んだものとはちがうと感じたら、それ以上は止めてみてもいいです。

「この人は信頼できる！」って思ったら、少しずつ近づいてもＯＫ。

素直な気持ちで、相手との距離を近づけてみましょうね！

初対面の人には「素直な自分」を少しずつでも出してみよう

ルックアップ、視線《しせん》を上げよう！

人と話すとき、つい視線《しせん》を下げてしまっていませんか？

目を合わせるのが、なんとなくはずかしくなってしまう気持ちは、とてもよくわかります。


でも、**人と話すときに、視線を下げたり、目をそらしてしまったりすると、自信がなさそうに見えます**よね。

それだけでなく、相手から「もしかして自分は嫌《きら》われているのかな……」って思われてしまいます。

みんなも、お父さんやお母さんに話しかけても、全然こっちを見てくれなかったら、さびしいよね。

なので、まずは、ルックアップ（視線を上げる）を意識《いしき》するところから始めてみましょう！

視線を上げると、相手が自分に興味《きょうみ》を持ってくれているんだなと思ったり、真剣《しんけん》に話を聞いてくれているなと感じたりすることができます。

それから、視線を上げている人は信頼感が増《ま》します。

視線を下げたり、目をそらしたりしている人は、そのつもりはなくても、何かうしろめたいことをかくしているとか、ウソをついているとか、そういうふうに思われてしまうこともあるのです。

実際にはそんなことないのに、すごく損をしてしまいますよね。

こちらの目を見て話してくれる人は、信頼できます。

人とのコミュニケーションは、言葉だけでかわすものではなく、目線や表情《ひょうじょう》、しぐさはとても大切なツール（方法）です。

そこに言葉はなくても、目の動きや表情から、気持ちを読み取ることができることもあります。

みんなは小さい兄弟や、犬や猫《ねこ》がおうちにいませんか。また、動画を観たりしたことはあるかな。

言葉が話せない赤ちゃんやペットの気持ちが、表情でわかるということもありますよね。

さて、**視線を上げる方法ですが、キリンのように首をのばすのがポイント**です。

よくない例は、首や顔は下を向きながら、上目づかいのように目を上げてしまうやり方です。

上目づかいは、警戒心《けいかいしん》が強く、にらんでいるように思われてしまうことがあるからです。

また、目だけ上に向けるのではなくて、首のうしろをにょきっとのばすことで、姿勢《しせい》がよくなり、自然と視線が上がります。

目はぱっちり開いて、でも相手のことをするどく見るのではなく、ふんわりやんわり見るように♪

好きなアイドルをイメージしてみるとわかりやすいかも。

視線も、気持ちも、上向きにしていきましょうね！

首をのばして目線を上げるだけで、印象《いんしょう》がとってもよくなる

でも、相手の目を見なくても大丈夫《だいじょうぶ》

「ルックアップが大事！」ということがわかったところで、じゃあ、家族やお友だちとしゃべっているときに、もし相手がじ〜っとこちらを見つめていたら、みんなはどう思いますか？

「何？　なんかついてる？」

親や兄弟だったら、「なんかウザイんだけど」って思うかも……。
そう、**アイコンタクトは大事だけど、「ず〜っとじ〜っと見る」のはちがう**よね。
前の項目《こうもく》でもお話ししたように、コミュニケーションは、目線だけでなく、言葉や表情、ジェスチャーや態度《たいど》など、さまざまなことから成り立っています。

もし、はずかしくて、相手の目を見ることができないなら、別の方法で、好意的に思われるコミュニケーションを取るようにすればＯＫ。

たとえば、登校中、うしろから「○○ちゃん、おはよう！」と声をかけられることがあるでしょう。

「おはよう！　今日からテストだね」

「そうそう、あんまり自信ないよ～」

こんな会話しながら、そのまま横に並《なら》んで、学校へ向かって歩いて行くことがありますよね。

視線は合っていないけど、同じ目的に向かって、じゅうぶんコミュニケーションが取れています。

相手の声かけに返事をしたり、あいづちを打ったり、にっこり微笑《ほほえ》んだりすることで、おたがいリラックスして会話を楽しむことができます。

教室でクラスメートとお弁当を食べるときだって、視線は卵焼《たまごや》きに向いていてOKです（笑）。

みんなの中には、異性《いせい》（男の子から見て女の子、女の子から見て男の子）と目を合わせるのがはずかしい子もいるよね。

相手のことが気になれば気になるほど、意識してしまうもの。

これも普通のことなので、笑顔を向ける、あいさつをするなど、できることから始めればOKです！

お友だちとの会話がとぎれたときは、まわりの風景に注目してみるのもオススメ。お天気や外の景色、室内なら部屋のインテリア、本棚《ほんだな》に並んだ本、壁《かべ》の時計など。

「あんなところにコンビニあったっけ？」

「ねえねえ、あの本読んだことある？」

こんな感じで、新しい話題を見つけることもできます。

相手が悲しんでいるとき、落ちこんでいるときは、余計なプレッシャーをあたえないよう、ときに視線を外してあげるのもやさしさです。

みんなが落ちこんでいるとき、きっとお父さんやお母さんは、遠くからそっと見守ってくれてるんじゃないかな。

大事なのは、相手を思いやり、寄《よ》りそう気持ちです。

自分の目線ばかりを気にするのではなく、相手との交流を大切にしてみてくださいね！

相手を思いやり、会話を楽しむ気持ちを持って

猫背《ねこぜ》は人見知りにつながる。背中をのばそう

みんなは「猫背《ねこぜ》だね」って言われたことはないですか？

「猫の背中」＝丸まっている姿勢のこと。

自信がないとき、不安に感じているときは、みんな猫背のように丸まってしまっています。

それはおとなも同じです。

姿勢が悪く、前かがみになっていると、「元気がない」「やる気がない」「暗い」という印象をあたえてしまいます。

姿勢が悪いと、息がしづらく、声が出しづらくなるので、ますます緊張《きんちょう》してしまいます。

そこで、まずは正しい姿勢を覚えましょう。

オススメは「壁立ち」です。

壁立ち姿勢とは、かかと、おしり、背中、頭のうしろの4点を、壁につけた姿勢をいいます。近くに壁があったら、早速やってみましょう！

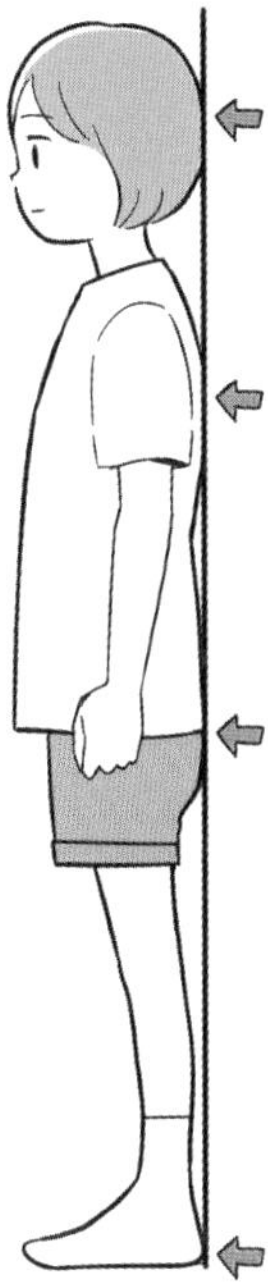

肩《かた》の力を抜《ぬ》いて、胸《むね》を開き、巻《ま》きこみ肩にならないように。
壁と背中のすき間は、手のひらが入るぐらいが理想です。
あまり、そりすぎないようにしましょう。

視線は遠くに向けるようにしましょう。

これだけでも、堂々《どうどう》としたよい印象になりますよ！


姿勢が悪い状態が続くと、身体にも悪い影響《えいきょう》が出てきます。

みんなは「スマホ首」って聞いたことがあるかな。

スマホやパソコンを長い時間、見続けることで、背中や首に負担《ふたん》がかかり、身体に悪い影響が出てしまうこともあります。


好きな動画を見たり、ゲームをしたりしていると、没頭《ぼっとう》して時間を忘《わす》れてしまうこともあります。

ですから、あらかじめスマホやパソコンの使用時間を決めておくなどして、身体に負担がかからないようにしましょう。


勉強や作業などで、同じ姿勢が続いたときは、ストレッチなどで身体の緊張をほぐすとよいです。

ふだんから姿勢に気をつけることで、相手にあたえる印象はもちろん、自分の気持ちも変わってきます。

立っているときも座《すわ》っているときも、意識してみてくださいね！

姿勢を変えるだけで、自分の心も相手の見え方も変わる

胸を張《は》るってどのくらい？

「胸を張《は》る」っていうと、オードリーの春日《かすが》俊彰《としあき》さんみたいな立ち方をイメージした人はいるかな。

みんなは芸人さんじゃないので、ほどほどがよいですよね（笑）。

もしかしたら、学校や部活によっては、「気をつけ！」で、大きく上体をそらした状態を「よい姿勢」と教わってきた人もいるかもしれませんね。

正しい姿勢とは、前項のイラストで、背中に手のひら一枚分くらいの余裕《よゆう》がある姿勢でしたね。

横から見て、上体が大きくうしろにそっていたら、少し張りすぎです。

家族に見てもらうか、壁や鏡《かがみ》で確認《かくにん》してみましょう。

姿勢は全体のバランスが大切です。

どこかに緊張や力みがないように、リラックスした状態で、適度に胸を張れる姿勢を見つけましょう。

ところで、「胸を張る」を辞書で引くと、「胸をそらせて、自信のある様子をする。得《とく》意《い》になる」と出てきます。

「胸を張って故郷《ふるさと》へ帰る」のように、堂々とした態度を表す慣用句《かんようく》です。

「胸」は、「こころ、気持ち、思い」といった意味があります。

たとえば、「胸をなでおろす」は「気持ちが安心する」という意味ですね。

「張る」は、「大きく広げる、のばす」という意味なので、「胸を張る」＝「気持ちが大きくなる」＝「堂々とした自信のある様子」という慣用句になったと考えられます。

顔を上げて、胸を張って、前を向くことで、困難《こんなん》な状況《じょうきょう》にあっても、積極的《せっきょくてき》に取り組んだり、勇気を持って挑戦《ちょうせん》したりすることができます。

みんなにとっては、この本を通じて、人見知りを克服していこうとすることこそが、挑戦であり、勇気です。

だから、私がこの本でお伝えしていることを、少しでも実践《じっせん》したときは、ぜひ胸を張ってくださいね！

胸を張ることは、ポジティブな気持ちと連動していますから。

これまで何度もお伝えしていますが、「ほかの人はそんな苦労していないのに、なんで私だけ……」と、ほかの人と比《くら》べることはしないでね。

みんなそれぞれ、なやみはあります。

おとなも、子どもも。

その困難や苦手にどう取り組むかが大切であり、人としての成長です。

このあとも胸を張って、取り組んでいってくださいね。

苦手克服に取り組んでいるみんなは勇者！　胸を張って！

発声も大事。あいさつは大きな声を張ろう

みんなの声は大きい？　それとも小さい？

きっと、大きいより、小さいことでなやんでいる人が多いんじゃないかな。

声が小さいと、相手に聞こえなかったり、聞き返されてしまったりします。

せっかくがんばってあいさつしたのに、返事がなかったら、残念な気持ちになってしまいますよね。

だから、**あいさつするときは、声の大きさがとっても重要**です。

基本的には、「声を張る」ことを意識してほしいです。

前の項目では「胸を張る」でしたね。

相手がいる場合、相手に向かって胸だけではなく、声も大きく広げることが望ましいということです。

「とりあえず、『おはようございます』って口に出せばいいや」という気持ちだと、相手の心には届《とど》きません。

相手の心に「伝える」「届ける」という気持ちを持ちながら、声を出しましょう。

相手に声がしっかり届くようになったら、今度は、相手との距離や状況に応じて、ちょうどよい音量の声を出すことを考えてみましょう。

たとえば、シーンとしている図書室で、勉強したり読書したりしている人たちがいる中で、友だちに「おっはよ〜！」なんて大きな声であいさつしたら、どうなるでしょうか。

その場の人たちに迷惑《めいわく》をあたえてしまいますし、友だちもなんだか居心地《いごこち》が悪くなってしまいます。

目安としては、その状況での会話の音量に合わせるように、自然なトーンであいさつすること。

たとえば、バスや電車の中、コンサート会場や映画館《えいがかん》など、公共の場所などでは、少し小声で話します。

まわりの人や環境に対し、思いやりの気持ちを持ちましょう。

また、声の大きさだけでなく、表情やジェスチャー（身ぶり手ぶり）も、あいさつの一部です。

さわやかな笑顔や、軽く頭を下げる会釈《えしゃく》、さよならの手ぶりなどのジェスチャーを示すことで、相手とのコミュニケーションをスムーズにすることができます。

腕《うで》を組んで見下ろすように「おはよう」なんて言ったら、「これから何か怒《おこ》られるのかな……」って思ってしまいますよね。

「親しき中にも礼儀《れいぎ》あり」という言葉があります。
「おはよう」「おやすみ」「ありがとう」など、家族や親しい友だちとのあいだでも、きちんとしたあいさつができると、おたがい気持ちよく生活することができます。

あいさつはすべての人間関係の基本です。
心に届くあいさつをされたら相手も気持ちいい！
明るい声とさわやかな笑顔を相手に届けましょう。

心に届くあいさつができるように、声をしっかり伝えよう

スマホを使ってハキハキ話す訓練

みんなは、「もっとハッキリしゃべって」とか、「モゴモゴしてて聞こえない」と言われたことありませんか？

私は……何回もあります。

自分ではちゃんとしゃべっているつもりなのに、聞き返されたり、気づかれなかったりすることもしょっちゅうありました。

お店に入って、勇気を出して、「すいませーん！」と声をかけても、スルーされるのがはずかしくて、店員さんから声をかけてくれるのをじっと待ったりしていました。

「自分のしゃべり方って、聞き取りにくいんだな……」

そう思うと、悲しい気持ちになりますよね。

でも、安心してください！

自宅《じたく》で、気軽に訓練できる方法があります。

聞き取りやすい話し方に変えていくためのキーアイテム、それは「スマホ」です！

多くのスマホには、録画・録音機能《きのう》がありますし、ボイスレコーダーアプリもあります。

これらを使用して、ふだんの会話や、スピーチ、発表の練習を録音・再生して、自分の声を確認してみましょう。

もし、聞き取りにくいと感じたら、口をしっかり開けて、明確に話すよう心がけてみてください。

また、スマホには、Siri（iOS）やGoogleアシスタント（Android）など、音声アシスタント機能がそなわっているものもあります。

これらのアシスタントに話しかけてみましょう。

ハッキリと発声しないと、「聞き取れませんでした。もう一度お話しください」とつき返されてしまいます（苦笑）。

でも、落ちこむことなく、再チャレンジ！

無事、認識されたらクリア！

ゲーム感覚で楽しく訓練できるので、スマホが使える人は、ぜひやってみてくださいね！

ハキハキと話せるようになると、相手に対して正しいメッセージを伝えることができます。

モゴモゴとした発音や、はっきりしないあいまいな表現は、誤解《ごかい》や混乱《こんらん》を招いてしまうこともあります。

とくに、受験や面接《めんせつ》などでは、内容《ないよう》よりも、正しくハキハキと話せるかがとても重要になってきます。

スマホに録音することは、鏡を見ることと同じです。客観的《きゃっかんてき》に、自分の声がわかります。

ハキハキとした話し方は、自分の発言に対して自信を持てるようになるだけでなく、まわりの人たちからの信頼を築くのにも役立ちますので、たくさん練習してみてくださいね！

スマホで客観的に、どう聞こえるか確認しよう

声を大きくする方法を教えます

私は、小さいころから声が小さくて、学校での音読も発表も大嫌いでした。
音楽の歌のテストで声が出なくて、先生から「もう歌わなくていいよ」と言われたことが、今でも苦い思い出として心に残っています……。

声が小さいのは生まれつきで、一生なおらないと思っていたのですが、今はなんと！
私のことを声が小さいって思っている人はいません。

なんたって、今はスピーチの先生をしているぐらいですから（笑）。
ちなみに、カラオケも大好きです！

ですから、声が小さくて、つらい思いをしているみんなの気持ちもよくわかるし、声が出るようになれて気持ちがよいってこともわかります。

ここからは、声を大きくする練習方法をお伝えしますね。

大きな声を出すには、まず姿勢をよくすることです。

１２１ページでも「壁立ち」をやりましたね、壁に背中をつけて、かかと、おしり、頭のうしろまで一直線。

その姿勢を保《たも》ったまま、深くゆっくりした呼吸《こきゅう》をすると、大きな声が出やすくなります。

息を吸《す》ったときにおなかをふくらますように、吐《は》くときは吸った空気を全部出すイメージです。

発声練習をするときは、25メートルプールの向こう側にいるお友だちに届くぐらいの声で。ボールを山なりにポーンと投げるイメージです。

やり方はこうです。

①今吸いこんでいる空気を、いったん全部吐き出す。
②思いっきり、空気を吸いこむ。おなかが風船《ふうせん》のようにふくらむぐらい。
③息の続く限《かぎ》り「あーーーーーー」という声を出し続ける。

声を出すときには、おへその下あたりに意識を持っていって、少しおしこめるような感じにすると、よい声が出やすくなります。


プラスチック容器のマヨネーズってありますよね。

マヨネーズはどの辺をおすと、いちばん勢《いきお》いよく中身が出ますか？

だいたい、真ん中よりちょっと下あたりですよね。

体もそうです。

真ん中のおへそより、ちょっと下あたりをへこますと、空気がたくさん出やすいのです。

大きな声を出そうとすると、身体や喉《のど》に力が入ってしまう人もいますが、身体や喉は力を抜くこと。


空気をたくさん吸って、たくさん吐き出す。

力を抜いて、楽に。

そうすることで、喉に負担をかけることなく、だんだんと大きな声が出るようになっていきますよ！

声を大きくするには、深い呼吸をすることがポイント

口元が気になる？　今のうちになおそう

みんなは、「芸能人は歯が命」というフレーズを知っていますか？

きっと、みんなのお父さんお母さんたち、昭和世代の人なら聞いたことがあると思います（笑）。

昔、歯《は》磨《みが》き粉《こ》のテレビＣＭがきっかけで流行語大賞《たいしょう》にもなった言葉ですが、芸能人でなくとも、**人前に出る職業《しょくぎょう》の方々は、口元や歯のメンテナンスは欠かさない**といいます。

野球好きの子なら、プロ野球・日本ハムファイターズの新庄剛志《しんじょうつよし》監督《かんとく》の真っ白な歯といえばわかる子もいるかな。

アイドルやモデルを目指す子は、幼いころから歯の矯正《きょうせい》をおこないます。

お笑い芸人さんでも、バナナマンの日村勇紀《ひむらゆうき》さん、三四郎の小宮浩信《こみやひろのぶ》さん、錦鯉《にしきごい》の長谷川雅紀《はせがわまさのり》さんなど、もともと歯がないことを売りにしていた方々でさえ、売れてくると、しっかりとなおされていますね。

「歯の神経《しんけい》が死んでいる」ことを売りにしていたハリセンボンの箕輪《みのわ》はるかさんも、のちにホワイトニングされて、きれいな歯になられました。

それほど、人前に出る職業の人にとって、まさに「歯は命」なのです。

口元のトラブルは、視聴者《しちょうしゃ》に不快感をあたえてしまうとされています。

私は、病院嫌いで有名ですが（笑）、歯医者さんだけは、とくに痛《いた》いところがなくても、歯のお掃除《そうじ》をしに、半年に1回は必ず行きます。

みんなが美容院や床屋《とこや》さんに行く感覚かもしれませんね。

歯並びや口元に自信がないと、人としゃべったり、笑ったり、ごはんを食べたりする

ときに、そのことが気になってしまうことがあります。

無意識のうちに笑顔をおさえてしまったり、表情がかたくなってしまったり。

なので、もし、歯並びが気になるときは、早いうちになおしておきましょう。

みんなは、歯医者さんは嫌いですか？

私も、小さいころは嫌いでした。

先生はこわいし、あの「ウィーン！」って機械で歯をけずる音もこわいし……。

でも今は、やさしい先生も多いですよ。

それに、歯医者さんの評判《ひょうばん》については、インターネットやSNSで口コミを見ることもできるので、お父さんお母さんと一緒《いっしょ》に、少しでも安心できる歯医者さんを選びましょう。

せっかくキレイにしたら、そのあとの歯磨きも大切にね！

定期的に、歯科検診《けんしん》やクリーニングをしてもらいましょう。

口元を整えたら、あとは表情！

自信を持って、自然な笑顔を心がけましょう。

笑顔で大事なのは、「い」の口の形。


みんなは、アイスクリームは好きですか？

好きでも、そうでなくても、「い」の口の練習のために、

「アイスクリームだいすき！」と、一日3回言ってみましょう。

アイドルのように、上の歯が８本以上見えるように口を開くと、とても素敵《すてき》なスマイルになりますよ。


口元に自信を持てると、表情も明るくなる！

身体から緊張状態をなくそう

みんなの身体は、緊張や不安を感じると、どういう状態になりますか？

きっと、心臓《しんぞう》がドキドキしたり、身体がガクガク・ブルブルしたり、急にトイレに行きたくなったり……。

まるで自分の身体が、自分のものでなくなっちゃうような気がしますよね。

それらは「自律神経《じりつしんけい》」というものが関係しています。

人は、緊張した状態や、不安な状態になると、自律神経のひとつである交感《こうかん》神経が優《ゆう》位《い》になります。

そうすると、心拍数《しんぱくすう》が上がったり、呼吸が速くなったり、体温が上昇したり、筋肉《きんにく》がかたくなってしまいます。

そのため、心臓がドキドキしたり、息苦しくなったり、顔が赤くなったり、顔や身体から汗《あせ》が出たりするのです。


それらは決して異常なことじゃなく、正常な反応ではありません。

でも、その緊張状態が長期間続くと、身体にストレスがかかってきます。


緊張や不安を感じるときは、身体の緊張をとくようにしてみましょう。

道具も必要なく、その場ですぐにできるのが、深くゆっくりした呼吸です。

深呼吸には、緊張をしずめる効果《こうか》があります。


それから、適度な運動もオススメです。

運動はストレスを解消し、緊張をやわらげる効果があります。

あまり運動が得意でない人は、散歩やストレッチでもＯＫ。

ゆっくりと呼吸をしながら、背のび、肩回し、首回しなどをおこなってみてくださいね。

リラックスできるお風呂《ふろ》上がりや寝《ね》る前などが効果的です。

心と体はつながっていますから、反対に気持ちを落ち着かせることで、身体の緊張をほぐすこともできます。

たとえば、好きな音楽を聴《き》いたりすることも、心身をリラックスするのに効果的です。

そして、もっとも大事なことは、睡眠《すいみん》時間をしっかり取ること！

つい夜更《よふ》かしして、寝《ね》る時間がおそくなっていませんか？

十分な睡眠と休息は、ストレスやつかれを軽くしてくれます。

1日7時間を目安に、ぐっすり眠れるように、お布団《ふとん》や部屋の温度、照明など、寝心地のよい環境を整えましょう。

寝る前のスマホやゲームはほどほどにね。

心も体もリラックスできると、イライラ、モヤモヤが減り、やる気や集中力がアップします。

昼間はたくさん運動して、夜はしっかり寝る。

基本的な生活習慣《しゅうかん》が、心と身体の健康を保ってくれます。

身体から緊張状態をなくすことで、生活が快適になる

人見知りに効果のあるストレッチがある

みんなは、身体がかたいほうですか？

やわらかいほうですか？

「ちょっと待った！　そんなこと人見知りと関係あんの？」って思うよね。

私もそう思っていました、人見知りって性格《せいかく》とか心の問題だって。


でも、じつは、身体のかたさと人見知りは、大いに関係があります。

20年以上、何万人という人見知りさんを教えてきてわかったのは、「人見知りさんには身体ガチガチさんが多い！」ということです。

前の項目でお伝えしたとおり、緊張や不安が続くと、筋肉がかたくなります。

そして、そのかたさによって、勇気を出して人に話しかけても、思うように声が出せなかったり、笑顔がつくれなくなったりしてしまいます。

つまり、「人見知りになる」→「身体ガチガチで動かない」→「さらに人づき合いが苦手になる」という、「人見知り沼《ぬま》」にはまってしまうのです……。

これはすぐにでも脱け出したい！

ということで、簡単《かんたん》にできるストレッチを紹介するので、今すぐやってみよう！

①胸のストレッチ
猫背をなおし、姿勢をよくするストレッチです。肩に手をついて、肩甲骨《けんこうこつ》中心に、ゆっくりグルグル回してみましょう。

②肩と首のストレッチ
肩まわりや首のうしろの筋肉を、ゆっくりとストレッチすることで、緊張をやわらげることができます。

肩は、もうこれ以上は上がらないというぐらい、めいっぱい

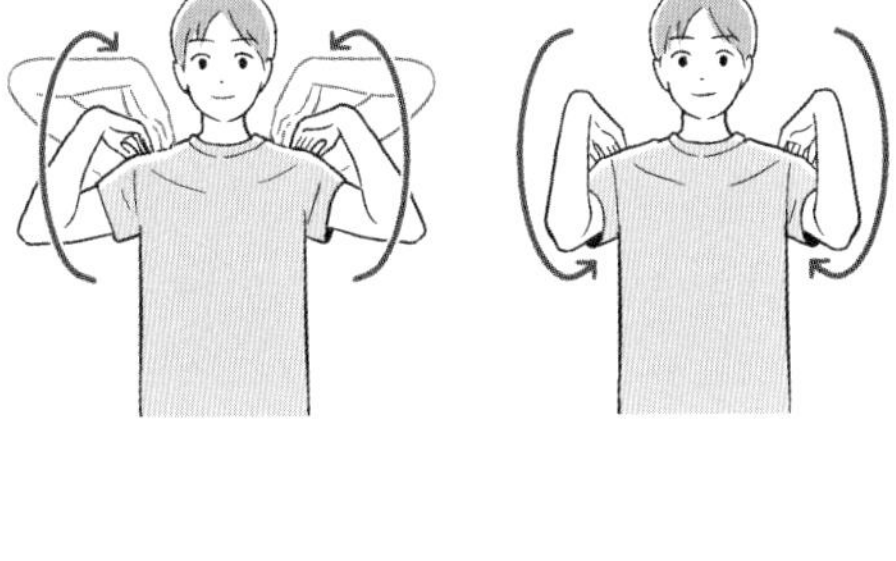

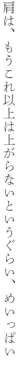

上げて、それからストンと下げます。

首は、ゆっくりと左右にかたむけたり回したりします。肩の力は抜いて、呼吸を忘れずに。

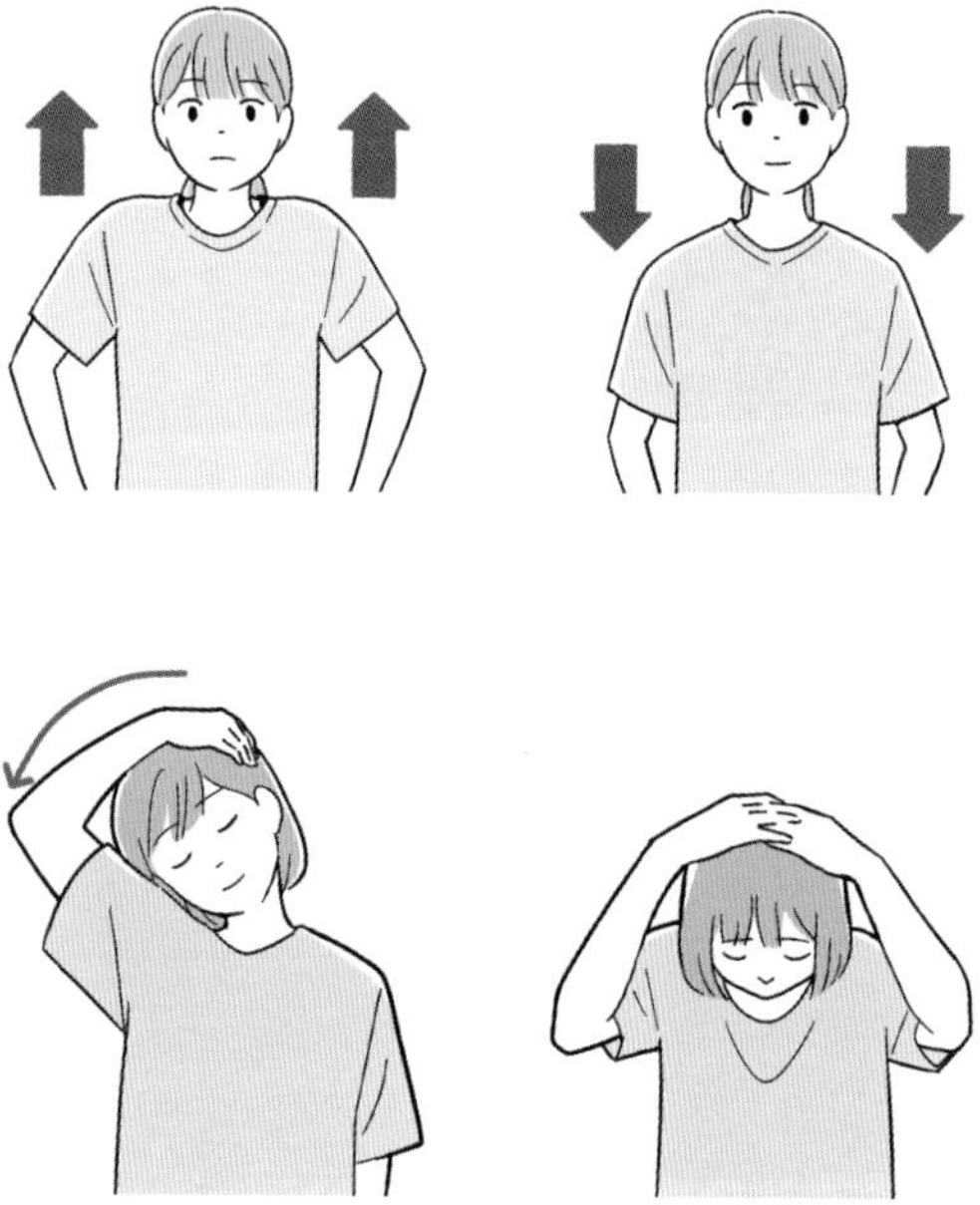

③背中のストレッチ
背中で手を組んで、腕をのばし、上を見ます。

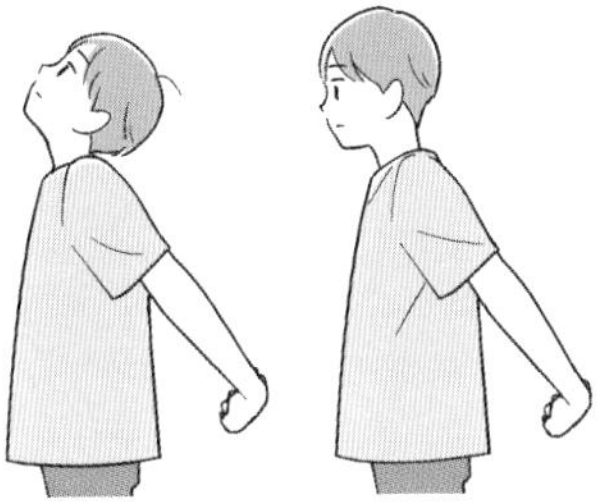

身体がのびると、心もリラックスしてきます。
いつでもどこでも簡単にできるので、ぜひ習慣にして「人見知り沼」から脱出《だっしゅつ》しよう！

ストレッチで体をやわらかくすれば、人と話すときの緊張が減る

第4章

人見知りをなおした人が意識していること

まずは相手に興味《きょうみ》を持とう！

人見知りさんの特徴《とくちょう》として、「他人に興味《きょうみ》を持たないようにしている」ということがあります。

決して「興味がない」わけじゃなく、「持たないようにしている」「持たないフリをしている」ということですよね。

それは、逆の立場で考えたとき、他人から注目されること、自分に興味を持たれるのがはずかしいからではないでしょうか。

たとえば、電車やバスでお年寄《としよ》りが乗ってきても、寝《ね》たふりをする。

だれかがハンカチを落としても、見て見ぬふり……。

それは決して、意地悪な気持ちでそうしているのではなく、自分に注目が集まるのを避《さ》けているんじゃないかな。

私自身もそうでした。

10代〜20代のころは、つねに人目を避けて生きてきました。

でも30代になって、その行動を少しずつ変えました。

たとえば、困《こま》っている人がいたら、自分から声をかける。

レストランを出るときは、「ごちそうさまでした。おいしかったです！」とお礼を言う。

素敵《すてき》な洋服を着ている友だちや、髪形《かみがた》を変えた友だちがいたら「その服（その髪形）いいね」ってほめる。

喜《よろこ》んでいる人がいたら、一緒《いっしょ》に喜び、悲しんでいる人がいたら、そっと寄りそう。

そんなふうに行動を変えたら、「人に気にしてもらえることって、うれしいんだな」って気づきました。

だれかに気にしてもらえるということは、だれかに大切に思われているということ。

みんなのお父さんお母さんは、いつもみんなのことを気にしていると思います。

みんなも、家や学校や街《まち》で困っている人がいないか、まわりの人がどんな気持ちでいるか、興味・関心を持ってみましょう。

興味を持つことができたら、次は会話にチャレンジ。**相手が話しているときは、相手の話を否定《ひてい》したり、さえぎったり、横取りをしないようにね。**

「そんなことよりも～」
「でもさ～」
「つまり○○ってことでしょ？」

こんなことは言ってないかな。

「そうだよね」
「うんうん、わかるよ」

「そんなことがあったんだね、つらかったね」
「それはひどいね、おこりたくなるね」

こんな感じで、相手の気持ちに共感したり、寄りそうことができるといいですね。

人見知りさんは、自《じ》意《い》識《しき》過《か》剰《じょう》、つまり自分に関心が向きすぎて、息苦しくなってしまう傾向《けいこう》にあります。

自分のことを考える時間を、少しずつ相手のことを考える時間に変えていきましょう。そうすると、気持ちが落ち着いていきますよ！

自分よりも相手に関心を向けると、気持ちが楽になる

相手をこわがらないで。みんな仲良くしたい

多くの人見知りさんは、あまりよく知らない相手に対して、「ちょっとこわいな」という気持ちがあると思います。

「はずかしい」
「変に思われたらどうしよう」
「話しかけても無視《むし》されたらイヤだな」

これらは裏《うら》を返すと、ほかの人からよく見られたい、よく思われたいって思う気持ちです。

それは、変なことではなく、おとなだって、だれだってあります。

33ページで「承認欲求《しょうにんよっきゅう》」っていう言葉について学びましたね。

人からほめられたい、認《みと》められたい、「いいね！」がいっぱい欲しいっていう気持ちのことでした。

だれにでもあるものだけれど、それが強すぎると、いろいろな問題が出てきます。

どんな人でも、いつもほめられるとは限《かぎ》らず、ときには怒《おこ》られたり、注意されたり、何の反応がないこともあります。

ですが、そういうことが起こると、自分を全否定された気持ちになり、自分は価値《かち》のない人間なんだと思いこんでしまう。

いつも、人からほめられることばかりを期待していたら、思いどおりにならないことが起こったとき、自分の評価《ひょうか》が下がってしまいますね。

ですから、他人からの評価を気にするのではなく、「自分が言われたらうれしいことを人にも言う！」という考え方にチェンジしてみて。

今日、私はスーパーでお買い物をしたのですが、レジのおばちゃんがじつにテキパキとカゴからカゴへ食品を移《うつ》してくれて、それがあまりにも整理整頓《せいりせいとん》されて美しかったので、「スゴイ！　キレイ！　このまま持ち帰りたい！」って伝えました（笑）。

いつもは無表情《むひょうじょう》なおばちゃんが、このときばかりはニッコリ笑顔を返してくれて、ちょっと幸せな気分になりました。

人にかけた言葉が、自分の幸せとして返ってくることがわかっているから、私は１日１回、人をほめるって決めています。

みんなも、自分が言われたらうれしいことを、どんどん人に言ってみてね。

ちょっとむずかしい話をすると、人は社会的な生きものと言われています。

社会的とは、他人との絆《きずな》やつながりを求めること。

多くの人は、みんなと仲良くしたい、いい人間関係を築《きず》いて、他人と協力し合ったり助け合ったりしたいと思っています。

「人のなやみの9割は人間関係」とも言われています。

仲良くしたいと思っているからこそ、うまくいかないとき、さびしくなったり、悲しくなったり、時にはつらい気持ちになったりするものです。
それが、家族や兄弟、仲のよい友だちであればあるほど。

でも、人とつながることで、喜びが倍増《ばいぞう》したり、悲しみを分け合ったり、おたがいに成長することができます。

つながることをおそれすぎず、相手が喜ぶことを考えて、行動してみよう！

自分がどう思われるかより、どうすれば相手が喜ぶかを考える

質問《しつもん》上手になろう！

だれかと話すチャンスがやってきたとしても、話題がない、何を話したらいいかわからないことってありませんか？

そんな人につけてほしい力、それは「質問力《しつもんりょく》」です。

人見知りでなやむみんなが質問上手になることは、多くの場面において強い武器《ぶき》になります。

たとえば、初対面の人と話すときは、質問力を使う絶好《ぜっこう》のチャンス。

相手に質問をすることで、話し始めのきっかけをつくることができます。

そこで、初対面でも「親しき仲」になれる！

魔法《まほう》の言葉「シタシキナカ」を紹介します。

シ：趣味《しゅみ》の話

「休みの日は何してる？」

趣味や興味のあることを聞いてみよう！

タ：食べ物の話

「どんな食べ物が好き？」

好きなスイーツの話が尽《つ》きない人も多い！

シ：仕事（勉強）の話

「どの勉強が得意《とくい》？　苦手？」

同じ科目が苦手で距離《きょり》がぐっと近づく場合も！

キ：気候（天気）の話

「今日は暑いね」「寒くなってきたよね」

話のきっかけとして鉄板！

ナ：仲間（友だち）の話

「だれとよく遊んでいるの？」「幼稚園《ようちえん》からの友だちっている？」

今のことだけじゃなく、過去《かこ》のエピソードにも広げやすい！

カ：家族の話

「兄弟っている？」

兄弟姉妹、ひとりっ子ネタは意外と盛《も》り上がる⁉

共通点が見つからないときもありますが、相手が自分の話題に興味を持っていると感じることで、人づき合いがスムーズになります。

質問をすると、自分の知らなかった新しい知識《ちしき》や情報《じょうほう》を得《え》ることができます。

ネットで調べれば、多くの情報や口コミを得ることもできる世の中ですが、多くは匿名《とくめい》といって、だれが言っていたり書いていたりするのか、名前がわかりません。

やはり、信頼《しんらい》できる人から直接《ちょくせつ》聞く体験談に勝《まさ》るものなしです！

気の合う友だちから、「○○っていう映画《えいが》、すごくおもしろかったよ！」って聞くと、見てみようかなっていう気持ちになるし、実際《じっさい》に見た感想を、あとで友だちと共有する時間も楽しいもの。

質問上手、聞き上手は、話し上手以上に得をします。

人見知りさんは、まずは質問上手を目指しましょう！

質問上手になれる魔法の言葉は「シタシキナカ」

自分のことばかり話すから人見知りになる？

みんなにとって、これは意外なことかもしれませんね。

私は、これまで7万人以上の人見知りさんや、あがり症《しょう》の人々を指導《しどう》してきましたが、**じつは人見知りさんに意外と多いのが、自分のことばかり話す人**です。

大勢《おおぜい》の中にいるときはおとなしいのに、ふたりになると一方的に話す人。

沈黙《ちんもく》がこわいとか、つまらない人と思われたくないとか、とにかくこの話を聞いてほしいとか……いろんな理由があると思います。

目の前の人と交流して、その場を楽しくしようとするのはとてもよいことです。

でも、あまりに自分のことばかりだと、相手に対する思いやりに欠けていると思われてしまいます。

みんなもそうじゃないかな。

家で、お母さんが近所の人のうわさ話をずっとしゃべっていたり、お父さんが会社の人の愚痴《ぐち》をずっとこぼしていたら、すぐに部屋に引きこもりたくなるよね。

一方的に自分の話ばかりする人とは、距離を取りたくなるものです。

人づき合いが苦手な人の中には、この「距離感」の取り方がわからない人がいます。

あまり親しくないのに、一方的に話しすぎたり、逆に、急にシャッターを下ろすように人を避けたりして、相手がとまどってしまうこともあるのです。

「会話はキャッチボール」という言葉を聞いたことがありますか？

相手が言葉を投げかけたら、受け止めて返す。

相手がキャッチして、また返す。

このくり返しです。

急に速い球を投げたら相手が取れないので、様子を見ながら、相手が取りやすい球を投げる。

相手がもうやりたくなさそうだったら、やめる。

こうしているうちに、信頼関係が生まれて、相手との距離を近づけることができるのです。

相手が何かを話し始めたら、最後まで聞くようにしましょう。

「そうそう、私も昨日さ～」って言いながら、ボールをずっと持ったままにするのはルール違反《いはん》ですよ！

場合によっては、相手のほうが長々と話してくることもあります。

さっき出てきた、みんなのお父さん、お母さんのうわさ話や愚痴ですね（笑）。

しかしそれは、みんなを信頼している証拠でもあります。

ですから、部屋に引きこもりたくなる気持ちをぐっとおさえて（笑）、たまには聞いてあげましょう。

そうすると、今度はみんなの学校や先生の愚痴を、しっかり聞いてくれると思いますよ。

人と人とのコミュニケーションって、そういった日々の信頼関係から成り立っているのです。

会話はバランスが大事。話すのと聞くのは半々ぐらいで

自己紹介《じこしょうかい》は短くして、印象深《いんしょうぶか》いワンフレーズを加える

「それでは、今からひとりずつ自己紹介《じこしょうかい》をしてみましょう！」

学生時代の私にとって、この世でいちばんおそろしい言葉でした……。

自分のことを話すのも、人前で声を出すのも苦手でしたし、そもそも自己紹介って何を話したらいいかよくわからなくて困っていました。

笑いも入れながら上手に話す人、緊張《きんちょう》しないで堂々《どうどう》と話す人を見ると、ますます落ちこんでしまい、苦手意識がどんどん強くなっていきました。

話し方の勉強をしていく中で気づいたことがあります。

それは「自己紹介は短いほうがいい」ということ。

前は、話が得意な人ほど長く話すと思っていたのですが、そうとも限りません。


みんなは、校長先生の話って長いって思ったことない？

逆に、好きなアニメだと30分があっというまだよね。

時間って均等《きんとう》ではなくて、興味がないと長く感じ、好きなことや興味のあることは短く感じるものです。


なので、だれもが興味がある内容じゃないときは、短くするのがマナーです。

どれくらい短いのがよいかというと、**自己紹介は30秒～1分ぐらい**が、一般的《いっぱんてき》にはよいと言われています。

文字数でいうと、３００文字ぐらい。

原稿《げんこう》用紙が４００字だから、１枚弱のイメージです。


あくまで目安ですが、まずはそれぐらいの文字数で、自分の自己紹介の基本形《きほんけい》をつくってみましょう。

例として、クラス替《が》えがあって最初の自己紹介を想定してみます。

「こんにちは、鳥谷朝代《とりたにあさよ》です。
みんなからは『あさちゃん』と呼ばれています。
部活はテニス部に入っています。
ドラマが好きで、最近は『〇〇』にはまっています。
前の学年のときの友だちが少ないので、
早くこのクラスのみんなと、たくさん話して仲良くなりたいです。
どうぞよろしくお願いします！」

あだなや部活は、みんなに置き換《か》えてつくってみてね。

ワンポイントとして、自分のちょっとダメなところなど、印象《いんしょう》に残るフレーズを入れてみます。

「部活はテニス部に入っています。スマッシュを打とうとしたらボールが自分の頭にあたってしまうことがあるのですが、でもそのおかげで朝早くて眠《ねむ》い日も、ちょっと目が覚めたりします」

失敗談をオープンに話せる人は好かれますし、人柄《ひとがら》を知ってもらうきっかけになります！

自分の秘密を少しだけ話し、印象に残り好感も持たれよう

電話が苦手……どうすればいいの？

みんなのお父さんお母さんが子どものころは、携帯《けいたい》電話やスマホがなくて、連絡《れんらく》したいときは固定電話や公衆《こうしゅう》電話を使うしかありませんでした。

きっとみんなも、アニメ「サザエさん」で見たことあるよね。

カツオくんも中島くんと遊びの約束をするときは、磯野家《いそのけ》の廊下《ろうか》にあるダイヤル式の黒電話を使っています（笑）。

昭和のころの家庭では、あれが普通でした。

令和時代のみんなはどうかな。

自分のスマホを持っている子も多いでしょうし、ラインやＳＮＳなど、さまざまなコミュニケーションツールを使いこなしていると思います。

スマホを使って通話することはあっても、家の固定電話を使ったことがないという人も多いのではないでしょうか。

でも、これからおとなになって、社会人になると、電話を使う機会がやってきます。

「メールやラインでは時間がかかるから、すぐに確認《かくにん》したい」とか「文章よりも話したほうが、スムーズにコミュニケーションを取ることができる」など、その場に応じたツールを選ぶことが、仕事では求められるからです。

さまざまな世代の人と交流するときは、最新のツールだけでなく、昔からある連絡手《しゅ》段《だん》のことを知っておく必要がありますね。

では、人見知りさんは、なぜ電話に対して苦手意識があるのでしょうか。

それは、かかってくる相手がだれだかわからないからですよね。

個人のスマホなら番号通知でわかるけど、家の固定電話にかかってくる場合、だれからだれへの用事かもわかりません。

そう思うと、着信音が鳴るだけで、「ビクッ！」と身構《みがま》えてしまいますよね。

対策《たいさく》としては、電話の基本的な受け方を決めておくことです。

たとえば、お父さんお母さんの受け答えを参考に、電話に出るときは「はい、〇〇です！」とはっきり名乗ります。

自分への電話ではなく、ほかの家族がいなかったときは、折り返しの連絡が必要か、伝言はあるか、その場合は相手の名前や連絡先を聞いておくか、なども決めておきましょう。

みんなだけでお留守番《るすばん》するときは、知らない番号からの電話には出ないというのもひとつの方法です。家族の人と、電話の受け答え方法などのルールやマナーを確認しておくといいですね。

また、相手の顔が見えないということも、電話への苦手意識を強めますよね。

おとなでも、「電話は相手の表情や反応がわからないから苦手」という人も多いですから、使い慣《な》れていないみんなが苦手に思うのはあたり前です。

電話は、言葉だけのやり取りなので、反応がなかったり、シーンとした時間があると、こわいと感じるかもしれませんが、**基本的には「要件《ようけん》が伝わればＯＫ」**です。

そういう意味ではラインと同じですし、声色《こわいろ》（声の調子や感じ）は、ラインよりもっとダイレクトに伝わるので、慣れると電話のほうがいいって言う人もいます。

家族の人にアドバイスをもらいながら、連絡手段のひとつとして、上手に活用しましょう！


電話の特徴《とくちょう》を知れば、電話もこわくなくなる

しゃべりの上手な人のまねをしてみよう

みんなのまわりには「話し上手」な人はいますか?
友だち、学校の先生、塾《じゅく》の先生。
身近にいなければ、ユーチューバーでもいいと思います!

自分の話し方に自信がないときや、もっと上手になりたいと思ったときは、話し上手な人のまねをするとよいと言われています。

野球がうまくなりたければ、メジャーリーガーの大谷翔平《おおたにしょうへい》選手のバッティングフォームをまねしてみる。
女優《じょゆう》の橋本環奈《はしもとかんな》ちゃんみたいになりたかったら、ファッションや髪形、メイクをまねしてみる。

それと同じです！

話がおもしろい人、盛り上げるのが上手な人、説得力《せっとくりょく》のある話し方をする人、人を感動させる人、泣かせる話し方の人など、なりたい自分や、自分のキャラに合った人を見つけてみましょう。

みんなは、だれみたいな話し方になってみたいですか？

あこがれの声優《せいゆう》さんや俳優《はいゆう》さん、アニメやゲームのキャラクターもいいですよ！

今の時代、たくさんの音声動画が見つかります。

声の大きさや抑揚《よくよう》、話すスピードやリズム、間の取り方、言葉の選び方、手ぶり身ぶりなどを参考にしてみましょう。

まねすることで、自然となりたい自分に近づくことができます。

また、あこがれの人をまねすることで、はずかしいという気持ちから解放《かいほう》されるという効果《こうか》もあります。

私の教室では、年に数回、朗読《ろうどく》やスピーチの発表会があるのですが、生徒さんには**「できるだけ役になりきって。はずかしいという気持ちは捨《す》ててやりましょう！」**と伝えています。

何かの役を、少し大げさでもいいので、全力で演《えん》じているような感覚で話すと、自意識過剰な部分が少なくなり、はずかしいという気持ちから解放されます。

よく、俳優さんが、「素《す》の自分で話すとはずかしい」と言いますが、役になりきっているほうが、しゃべることに集中できるのですね。

もちろん、役に入りきることで、表現力《ひょうげんりょく》も高まります。
学芸会や文化祭など、人前で何かパフォーマンスする機会があったら、ぜひ挑戦《ちょうせん》してみて！

まねすることは上達への早道。
お手本を見つけて、いいところをどんどん吸収《きゅうしゅう》していきましょう！

しゃべり上手な人をさがして、いいところをたくさん吸収

過去の失敗は忘《わす》れよう。大事なのは今

私は、中学1年生のとき、国語の教科書読みで声がふるえたことがきっかけで、極度のあがり症になりました。

そのとき、前の席の男子が不思議そうにふり返った、その瞬間《しゅんかん》の映像《えいぞう》を、30年たった今でもはっきりと覚えています。

みんなも、過去の失敗やイヤな思い出はあるかな。

けっこう前のことでも、はっきり覚えていたりするよね。

そういった心の傷《きず》のことを「トラウマ」といいます。

忘《わす》れたいのに、忘れようとしても、気づけばついついまたイヤなことを思い出して、頭の中でくり返し考えてしまう……。

みんなにもあると思います。

記憶《きおく》って、時間とともに、うすれていくものなのですが、くり返し思い出すことで記憶の寿命《じゅみょう》がのびていきます。

だから、過去の失敗体験がたった1回だとしても、そのときのイヤな気持ちを思い出すと、頭の中でもう1回体験したことと同じになります。

2回、3回……思い出せば思い出すほど、イヤな体験はよみがえるし、忘れていくこともむずかしくなってきます。

だから、過去の失敗は忘れることがいちばん！

でも、それができたら苦労はしないよね。

失敗の記憶を、きれいさっぱり忘れることはむずかしいけど、失敗を失敗だけに終わらせないことはできます。

「生きている限りバッドエンドはない。僕たちはまだ途中《とちゅう》だ」

これは、芥川賞《あくたがわしょう》も受賞したピースの又吉直樹《またよしなおき》さんの小説『火花』の一節です。

仮にうまくいかないことがあったとしても、それは成長への通過点。

そこから何を学ぶのかが重要です。

「失敗は成功のもと」なのです。

それから、気持ちがつい過去に向いてしまいそうになったら、「今」に集中するのもひとつの方法です。

今やるべきこと、たとえば目の前の勉強やスポーツに集中したり、部屋の片づけや整理整頓をがんばってみたり、お風呂《ふろ》につかってホッとひと息ついたり。

簡単《かんたん》なことでも、それに集中することで、気持ちがスッキリしてきます。

私の場合、心がモヤっとしたときは、その日のうちにスポーツクラブで汗《あせ》を流して発

散します。

みんなの人生はまだまだ長いものです。
過去にとらわれている時間が、いちばんもったいない！
いつでも前を向いてくださいね。

過去はとらえ方次第で、成長のタネに変わる

どうすれば相手の評価が「気にならなくなる」か？

みんなは、他人の評価が気になったりしますか。

きっと「気になる！」という答えが多いでしょう。

学校では、テストの結果で成績《せいせき》が決まってしまいますから、集団《しゅうだん》の中で自分が今どのあたりにいるのかを意識することになりますよね。

ですから、みんなが他人からの評価を気にするのは、ある意味あたり前で仕方のないことです。


でも、いつも人の目や評価ばかりが気になってしまい、自由な気持ちで行動できない人は、少しだけ行動習慣《しゅうかん》を変えてみましょう。

まずは、自分が相手のことを評価してしまう（相手と自分を比《くら》べてしまう）クセをなくすことです。

それにはまず、自分が持っている「優越感《ゆうえつかん》」と「劣等感《れっとうかん》」を確認してみましょう。

優越感とは、「自分が相手よりすぐれていると思うこと」です。

劣等感とは逆に、「自分が相手よりも劣《おと》っていると思うこと」です。

優越感は「大きな家に住んでいる」「友だちが多くて人気がある」「マンガをたくさん持っている」などといったことで持つようになります。

反対に劣等感は、「友だちが少ない」「成績が悪い」「スポーツができない」などで持つことになります。

これらは「他人と比べてどうか」というものさしではかっています。

そういうものさしで物事をはかると、上には上がいるし、比べたらキリがないので、どれだけ手に入れても、心が満たされることはありません。

それから、劣等感が強い人は、他人の悪いところや失敗を見つけることで、自分自身を優位に立たせようとする傾向があります。

「マウントを取る」っていう表現を聞いたことがあるかな。

自分に自信がないため、自分の環境《かんきょう》を自慢《じまん》したり、他人を見下したりすることで、自分自身を守ろうとする行動のことです。

もし、少しでもあてはまるところがあったら、人に対して、よいところを見るようにしましょう。

また、マウントを取ってくる人とは、距離を取るようにしましょう。

そうすると、前向きな考え方や行動が身についてくるし、まわりにもそういう人が集まってきます。

相手は自分の鏡《かがみ》。

自分がしたこと、言ったことは、特大ブーメランで返ってくるものです。

相手の評価を気にしないようにするには、自分が相手を評価しないことが大切です。

もし、つい相手のことを評価しちゃうという人がいたら、まずは自分が変わることを心がけましょう。

自分が評価しなければ、相手からの評価も気にならない

服装や髪形を少し変えてみるのもアリ

「モチベーション」っていう言葉を知っているかな。

目標に向かって行動を起こす、やる気や意欲《いよく》のことです。


モチベーションを持ち続けるのはなかなか大変です。

やる気を出して、この本を読み始めてみたものの、実際に行動に移したり、続けたりしていくことはむずかしいものです。

やる気を起こすとか、前向きになるっていうと、すごくおおげさなことのように感じるかもしれませんね。

でも、じつはちょっとした変化でも、気持ちが前向きになったりします。

手っ取り早いのは、外見を変えてみることです。

イギリスでは、こういうことわざがあります。


「1日だけ幸せでいたいなら、床屋《とこや》に行け。

1週間幸せでいたいなら、車を買え。

1か月幸せでいたいなら、結婚《けっこん》しろ。

1年幸せでいたいなら、家を買え。

一生幸せでいたいなら、正直でいることだ」


髪を切って、リフレッシュできるのは、万国共通《ばんこくきょうつう》のようですね！


「髪は顔の額縁《がくぶち》」ともいいます。

髪形が決まると、顔全体がより輝《かがや》きます。

私もよく美容院《びよういん》に行きますが、ほんの少しの変化でも、気持ちがウキウキワクワクして、一日中、よい気分ですごすことができます。

ファッションも同じ。
ネットやショップで、好きな洋服をながめたりするだけでも、気分がアガります。

髪形も洋服も、迷《まよ》ったら、店員さんに聞いてみるといいですよ！

プロの視点で、より似合《にあ》う髪形、ファッションをアドバイスしてくれます。
お気に入りの髪形やファッションにかこまれているだけで、やる気が上がり、さらにそれをだれかにほめてもらえたら、最高の気分ですよね！

イギリスのことわざの中で、「車を買え」「結婚しろ」「家を買え」は、今のみんなにはなかなかできないことです。
ただ、最後の言葉はできますね。

「一生幸せでいたいなら、正直でいることだ」

これは本当に忘れてほしくないことです。

自分にウソをつくと、なりたい自分からどんどん離《はな》れていきます。

変化をおそれず、自分の心の声をもっと聞いてあげましょう！

髪形と服装を少しでも変えると気分も変わる

そもそも「人見知り」は悪いことじゃない

人見知りでなやんでいるみんなに、ここであらためて、声を大にして言いたいことがあります。

それは「人見知り自体は決して悪いことではない！」ということです。


人見知りとは、はじめて会う人や新しい環境で緊張したり、気おくれしたりすることですが、それは多くの人が経験《けいけん》することです。

この本を読んでくれているみんなは、もしかしたら新しい人間関係を築くのに時間がかかるほうかもしれません。

でも、それはたくさんある性格《せいかく》のうちの一部です。

それ自体が悪いということではありません。

たとえば、声が大きくて明るく元気があって、だれとでもすぐ楽しそうに話ができる人は、もしかしたら、ずっと一緒にいたらつかれるなって思う人もいるかもしれません。

すぐにとけこむことがむずかしくて、おとなしい人は、長い時間一緒にいても落ち着ける人って思われるかもしれません。

性格は表裏一体《ひょうりいったい》なので、どんな性格がよいとはひと言で言えないのです。

人見知りの人のいいところは、たとえば、注意深いところ、観察力があるところ、聞き上手なところ、慎重《しんちょう》であるところ、忍耐《にんたい》強いところがあげられます。

●注意深い

人見知りさんは、周囲《しゅうい》の状況《じょうきょう》に敏感《びんかん》です。

ほかの人のちょっとした仕草にも気を配ることができ、ほかの人の感情や意図をより深く理解することができます。

●観察力がある

よく観察するので、新しい環境や初めて会う人たちの特徴をつかむことが得意です。この能力《のうりょく》は、人間関係の問題を解決することに役立ちます。

●聞き上手である

ほかの人の話に集中し、よく聞くことができます。途中で自分の意見や考えをおしつけることなく、相手の意見や感情に共感することができるので、相手は心を開きやすくなります。

●慎重である

慎重さがあるということは、失敗を避けて、よりよい結果をみちびくために必要な能力を持っているということです。

●忍耐強い

人とコミュニケーションを取ることが苦手と感じる中でも、努力を続けることができます。

自己成長に向けて取り組むために必要な忍耐力を持っています。

このように、人見知りな性格は、決して悪いことではないことを知ってほしいです。

みんなは、たくさんののびしろを持っていますよ。

人見知りさんは「成長する力」を持っている!

第5章

さよなら人見知り！今すぐ始めてほしい習慣

相手から「見返り」がなくても気にしないでいい

みんなは、「情《なさ》けは人のためならず」っていうことわざを知っているかな。

「人に親切にするのは、相手をあまやかすことになるから、その人のためにならない」というふうに思っている人もいるかもしれないけど、じつはちがいます。

正しくは、**「人に親切にすれば、その相手のためになるだけでなく、やがてはよい報《むく》いとなって自分にもどってくる」**という意味です。

「相手のために尽《つ》くせば、自分も相手から利益《りえき》を得《え》られる」といった、相手から直接《ちょくせつ》的《てき》に見返りが得られるという意味ではありません。

「思いやりやいたわりの気持ちは、めぐりめぐって、いつか自分に返ってくる」というふうに使います。

ちなみに、見返りを求めて行動することは「恩《おん》を売る」といいます。

お年寄《としよ》りや身体の不自由な人に席をゆずったり、道に迷《まよ》っている人がいたら、行き方を教えてあげたり、教科書を忘《わす》れた子がいたら、一緒《いっしょ》に見せてあげたり……。

そんなふうに困《こま》っている人を助けたり、人に親切したりすると、自分自身が幸せで満たされた気分になります。また、相手の立場に立って考えたり、行動したりすることは、自分自身の成長につながります。

親切は相手のためだけでなく、自分のためにするという考え方です。

人に何かをしてあげたとき、私たちはつい、相手からお礼の気持ちや感謝《かんしゃ》の言葉をもらえると思ってしまいます。

そんなとき、思うようなお返しがなかったら、どうでしょう？

「せっかくやってあげたのに、こっちは何もしてもらえないの⁉」と、ガッカリしてしまいますよね。

「このあいだ、○○ちゃんに誕生日《たんじょうび》プレゼントをあげたのに！　こっちには何もなしなの？」

こんな感じで、怒《いか》りの気持ちすらわいてくるかもしれません。

せっかくいいことをしたのに、関係が悪くなってしまうことも……。

そこで覚えておいてほしいのが、「Give《ギブ》 & Give の精神《せいしん》」です。

何か見返りがあることを求めて行動するのではなく、ただあたえることを考えて、自分にできることを積極的《せっきょくてき》にするようにしましょう。

もし、人に対して何かアクションを起こすのがはずかしければ、人にたいしての行動じゃなくてもＯＫ！

たとえば、学校だったら、教室内の整理整頓《せいりせいとん》をおこなうとか、お花に水をあげるとか。

おうちだったら、たとえば玄関の靴《くつ》がちらかっていたらそろえるとか、お父さんお母さんのお手伝いを積極的にするなど、どんな小さなことでかまいません。

見返りだけがすべてではないのです。あたえることを考えて、人のためにすることが、自分自身の成長につながります。

私も、道路に落ちているゴミを拾うようになったら、毎日すがすがしい気分ですごせるようになりました！

まさに「情けは人のためならず」キャンペーン実行中です。

見返りを求めず、人のためにすることが成長につながる

どんなものにも興味《きょうみ》を持って学んでいこう

みんなは将来《しょうらい》、何になりたいかな。

私は、小さいころから人見知りでおとなしい性格《せいかく》だったので、とにかく人と会わない仕事がいいなと思って、公務員《こうむいん》になりました。

実際《じっさい》には、公務員も人と接する仕事がたくさんあったので、努力して、人見知りをなおしました。

結果、毎日たくさんの人と会う仕事についています。

180度ちがう人生ですね！

人生2周している感じです（笑）。

この本を読んでくれているみんなは、まだ若《わか》いから、未来は無限《むげん》に広がっていることでしょう。

私のように、この世でいちばん苦手だった人とのコミュニケーションが得意《とくい》になることもあるし、「自分には絶対《ぜったい》ムリ！」って思っていたことが、努力をすることによって、できるようになることもあります。

だから、まずはとにかく、多くのことに興味《きょうみ》を持ってほしいです。

今は、リアルタイムでさまざまな情報《じょうほう》が手に入る時代です。

インターネットで検索《けんさく》すれば瞬時《しゅんじ》に、世界中の文化や歴史《れきし》、科学、音楽、アートなど、新しい情報、はば広い知識《ちしき》を手に入れることができます。

本や図鑑《ずかん》を買ってもらえれば、より深く知ることもできますよね。

少しでも「おもしろそう、やってみたい！」ということを見つけたら、行動を起こしてみましょう。

楽器やスポーツ、絵画や囲碁《いご》・将棋《しょうぎ》など……。

おうちの人と相談して、習いに行ってみるのもいいですね。

将棋といえば、史上最年少の14歳でプロになり、17歳でタイトルを獲得《かくとく》した藤井聡太《ふじいそうた》棋士《きし》が有名ですね！

今も、最年少記録を次々と更新《こうしん》しています。

みんなとも年齢《ねんれい》が近いし、注目している人も多いかもしれませんね。

藤井さんも、もともと人見知りで、はずかしがり屋だったため、プロになりたての中学生のころは、テレビカメラのほうも向けなかったそうです。

彼は、5歳で将棋と出会うと、すぐに近所の将棋教室に通い、小学生のころにはインターネット対局で腕《うで》をみがいていたとか。

ただし、自分の部屋にこもるのではなく、リビングにある家族共用のパソコンを使っていたそうです。

このように、**興味を持って学ぶことは、将来の可能性《かのうせい》を広げ、自分の成長や夢の実現《じつげん》につながるのです。**

多くの科学者や研究者、その道のプロフェッショナルと呼ばれる人も、最初は「これってなんだろう？」「やってみたい！」という興味というタネを、大事に、大事に育てた人たちです。

みんなの好きなことって、なんですか？

興味を持つことで始まる。自分の「好き」を見つけよう

年に何回か複数人《ふくすうにん》の集まりに行く

人見知りさんは、大人数での集まりが苦手な人が多いと思います。

学生のときは、クラスの子や担任《たんにん》の先生、あとは家族の人と話すことができていれば、なんとかなることもあります。

ですが、おとなになって社会に出るとき、集団《しゅうだん》行動が苦手だと、どうしても将来の選択肢《せんたくし》がせまくなってしまうこともあります。

なので、ここでは、大人数や初対面にも少しずつ慣《な》れるための方法をお伝えしていきますね。

よく「場慣れが大事」といいますが、慣れには2種類あります。

ひとつめは「場所に慣れる」、ふたつめは「人に慣れる」です。

まずは「場所に慣れる」ですね。

みんなは、広い場所っていうとどこを思い出すかな。

体育館とか、公園とか、コンサートホールとか。

私は中学時代、卓球部《たっきゅうぶ》だったのですが、自分の学校の体育館でやるときは大丈夫《だいじょうぶ》なのに、大会などでほかの学校に遠征《えんせい》するときは、会場が変わってめちゃくちゃ緊張《きんちょう》してしまいました……。

はじめての場所に行くと、それだけで緊張してしまうことは、だれにでもあります。

ですので、**場所に緊張してドキドキしてしまう人は、できるだけ多くの場所や人の集まる場所へ出かけるようにしましょう。**

そして、つぎに「人に慣れる」です。

これには、多くの人のことを知り、考え方にふれることが大事です。

人はみんな同じように見えて、じつはそれぞれ個性があり、さまざまな考え方があります。

「どんな人かわからない」「何を考えているかわからない」というのが、人へのこわさにつながるので、たくさんの人に会うようにしましょう。

とはいっても、いきなりたくさんの人と仲良くなろうとしなくて大丈夫。

まずは、だれかひとりと話すことを目標にしてみましょう。

うまく話せないときは、あいさつや天気の話など、第4章の162ページでお伝えした魔法《まほう》の言葉「シタシキナカ」などを使って、聞き上手になるのでもOK！

みんなは、これまでの体験の中で、大勢《おおぜい》の集まりの中にいると、居心地《いごこち》が悪い、気おくれするという気持ちがあるかもしれません。

楽しくないのに、楽しいふりをしたり、他人に合わせてつかれてしまったり……そんな経験《けいけん》があるかもしれませんね。

ただ、大人数の場所でも堂々《どうどう》と話している人を見たり、盛《も》り上がっている様子を見たりして、落ちこむ必要はありませんよ。

みんなはみんならしく、ひとりひとりに誠実《せいじつ》に向き合えば、必ずよい関係が築《きず》けます。

まずはひとりの人から仲良くなりましょう！

大人数や初対面の人が集まる場所では聞き上手になる

ドキドキ・オドオドしたら呼吸《こきゅう》でなおそう

新しい経験や挑戦《ちょうせん》をするとき、緊張してドキドキ・オドオドすることがありますね。
そんなドキドキ・オドオドをおさえてくれるのが、「呼吸《こきゅう》」です。
みんなができるように、ここでやさしくお話ししていきますね。

呼吸には2種類あります。
「胸式《きょうしき》呼吸」と「腹式《ふくしき》呼吸」です。

「胸式呼吸」とは、主に胸《むね》を上下させておこなう呼吸です。
胸とともに肩《かた》も上下します。
みんなが、ふだん使っている呼吸は、この胸式呼吸が多いと思います。

でもこれだと、一度にたくさん空気を吸《す》いこむことができません。

それに対して「腹式呼吸」は、おなかを使ってゆっくりと息を吸いこみ、ゆっくりと息を吐《は》き出します。

たくさん酸素《さんそ》を取りこむことができるので、リラックスできます。

なので、ドキドキ・オドオドをなおすための呼吸は、「腹式呼吸」のほうになります。

では実際に、腹式呼吸の練習をしてみましょう。

1．寝転《ねころ》がる姿勢《しせい》を取りましょう。

背筋《せすじ》はまっすぐにします。

2．口を閉《と》じ、ゆっくりと鼻から息を吸いこみます。
このとき、おなかがふくらむように意識しましょう。
おなかが、ゆっくりとふくらむのを感じることが大切です。

3．息を吸いこんだあと、ゆっくりと口から息を吐き出します。
このときも、おなかがゆっくりと沈《しず》んでいく感覚を感じるようにしましょう。

4．息を吸いこむときは数を数えるとイメージしやすいです。
たとえば、ゆっくりと「1・2・3」と数えながら吸いこみ、吐くときは倍《ばい》の時間をかけて「1・2・3・4・5・6」と数えながら吐き出すとよいです。

5．くり返し練習をしてみましょう。
最初は数回から始めて、慣れてきたらだんだんと回数を増《ふ》やして

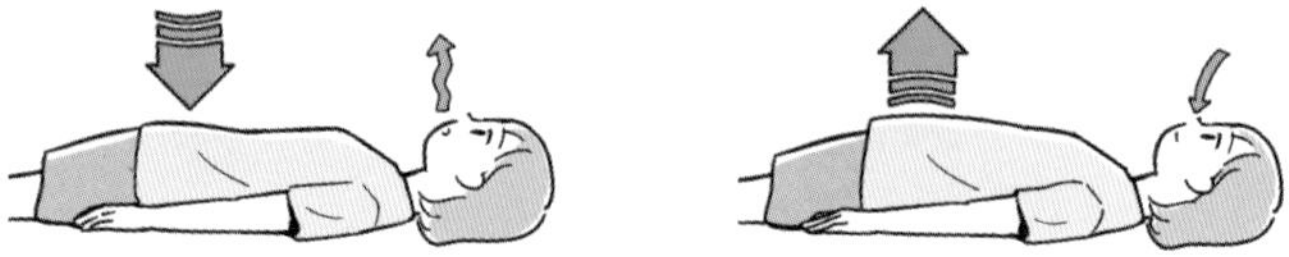

いきましょう。

腹式呼吸のポイントは、おなかを出したり引っこめたりを、ゆっくりと動かすことです。

ゆっくりとしたリズムでおこなうことで、心と体がリラックスできます。

寝転がっての感覚がわかったら、今度は座《すわ》ったり、立ったりしてやってみましょう。

丹田《たんでん》という、おへその下5センチぐらいのところを意識するとよいです。

腹式呼吸を、いつでもどこでも使えるように、トレーニングしておきましょう！

オドオド対策《たいさく》は腹式呼吸で。まずは寝ながら感覚をつかもう

定期的な運動が心身を整える
→自信にもつながる

私は、人見知りの人をカウンセリングするとき、必ず「運動習慣《しゅうかん》はありますか？」と聞いています。

なぜなら、運動習慣のあるなしが、心と身体の状態《じょうたい》に大きく関係があるからです。

運動をすることで筋力《きんりょく》がアップして、身体が丈夫になることは、みんなもわかりますよね。

じつは運動は、身体だけでなく、心にもよい影響《えいきょう》をあたえます。

運動をすると、脳《のう》の中で「エンドルフィン」と呼ばれる物質《ぶっしつ》がつくり出されます。

エンドルフィンとは「幸せホルモン」のひとつです。

気分を高め、ストレスや不安が軽くなる効果《こうか》があるとされています。

スポーツをやっている子は、「ゾーンに入った」という言葉を聞いたことがあるかな。「究極《きゅうきょく》の集中状態」という意味で使われる言葉ですが、主にアスリートなどが、最高に集中しながらもリラックスしている状態のことを指します。

実力がフルに発揮《はっき》され、パフォーマンスが上がっている状態です。

勉強でも遊びでも、何かしているうちに深く集中して、周囲が見えなくなるほど没頭《ぼっとう》した経験はありませんか？

そのときの状態が「ゾーン」です。

私は、この本を書いている今、ゾーンに入っています。

集中して書き続け、気づいたら夜中の3時なんてしょっちゅうです。

（みんなはマネしないでね！）

でも、しんどいとか、つらいとか、眠《ねむ》いとかを感じません。

好きなことに熱中して取り組んでいると、時間がたつのがあっというま。

このような状態になるのも、エンドルフィンが関わっていると言われています。

ですから、**好きなことに一生懸命《いっしょうけんめい》取り組むのは、心の健康のためにも、とてもよいこと**なのです。

（ゲームなどに熱中するのはほどほどにね！）


もうひとつ、エンドルフィンが大きく関係する現象《げんしょう》として、「ランナーズハイ」というものがあります。

ランニングなどをやっている子は聞いたことがあるかな。

ある程度、走り続けると、苦しさを超えて、ハッピーでリラックスした気分になってくるというものです。


このように、運動には、心地よい気分や爽快感《そうかいかん》、満足感をあたえてくれる効果があります。

ただ、運動が苦手な人は三日坊主《ぼうず》になりやすいので、あまり高くない目標を具体的に設定《せってい》しましょう。

たとえば、週に3回、10分から始めてみるとか。

無理なく続けられる運動を定期的におこなうことで、習慣にしていきましょう！

身体は正直。運動すれば身心がいい方向に変わってくる

「本当の自分の声」を知ってあげよう

みんなは、自分の声が好きですか？

何かのきっかけで、たまたま自分の声を聞いてしまって、「何コレ！　思っていたのンとちがう声じゃん！　キモイ！」って感じたことがある子もいるんじゃないかな。

でも、ほかの人は、「いつもの声だよ」って言います。

なんで？

「自分の声が変！」と思うのには理由があります。

ふだん私たちが聞いている自分の声は、空気中から耳にある鼓膜《こまく》（耳の奥にある薄《うす》い膜）をとおして聞こえる声と、自分の骨《ほね》を伝わってきた声との両方を聞いています。

それに対して、ほかの人が聞いているあなたの声は、空気中を伝わった声のみです。だから、録音された声を聞くと、「いつもとちがう！　変！」って思うのは、みんな同じなので、心配しないでね。

それを理解《りかい》したうえで、まずは自分の声や話し方をちゃんと知ってあげましょう。

教科書でもおうちにある本でも、新聞・雑誌《ざっし》でもいいので、音読している様子を、おうちの人にスマホやビデオで撮影《さつえい》してもらいます。

次のチェックリストを使って、おうちの人とチェックしてみましょう。

①姿勢がよいか
②視線《しせん》が下がりすぎていないか
③おなかから声が出ているか
④口を正しく開けて読んでいるか
⑤読むスピードが速すぎたり、おそすぎたりしていないか

このように、くり返し音読→動画チェックをおこなうと、本当の自分の声に慣れていきます。

私も、もともと、自分の声が大嫌《きら》いでした。

ふだんから低くて、鼻声で、緊張するとふるえるし、上ずるし、出なくなるし……。

でも、自分の声を知り、聞き慣れることで、「自分の声が大好き！」とまではいかなくても、コンプレックスがなくなって、自信を持って話せるようになりました。

この経験から、人見知りさんへのトレーニングでは、音読＆ビデオフィードバックに力を入れています。

ちなみに、私は中学1年生のときから、音楽の歌のテストで声が出なくなり、それ以来カラオケ恐怖症《きょうふしょう》でした。

ですが、話し方教室に通い、発声練習をたくさんやって、スムーズに声が出るようになり、カラオケ恐怖症を乗り越《こ》えて、今ではすっかりカラオケ大好き人間になっています（笑）。

私の生徒さんにも、極度のあがり症のため、学生のころから人前でしゃべったことも歌ったこともないという人が多いのですが、みなさん克服《こくふく》されています。

「自分の声は世界にひとつだけの楽器」なのです。
自分らしい音が出せるよう、日ごろからみがいてあげましょう！

自分の声は世界にひとつだけの楽器。よく聞いてあげよう

ミスしても落ちこまない。むしろすぐに忘れて

私は趣味《しゅみ》でテニスをしているのですが、ゲームでミスをしてしまうと、一日中落ちこんでしまいます……。

みんなはどうでしょうか？

ミスをして落ちこまない人はいませんよね。

それが、ここいちばんの大切な試験とか、試合だったら、なおさら。

大事なことは、ミスを気にしすぎず、できるだけ素早《すばや》く立ちなおることです。

「失敗は成功のもと」ということわざを知っているかな。

「失敗してもその原因《げんいん》を考えたり、欠点を改善《かいぜん》していくことで、かえって成功に近づくことができる」という意味です。

「失敗は成功への通過点《つうかてん》」ともいいますね。

「もうミスはしたくない」からといって、挑戦することをやめてしまったり、「ミスしてしまった……」という結果だけに目を向け、落ちこんでばかりいるのは、本当にもったいないです。

みんなはまだ若くて、可能性も無限大。

失敗の原因を見つめ、同じ失敗をくり返さないように努力をすることで、大きく成長できます。

私は、会社の部下や生徒さんには、よくこう言っています。

「反省しなくていいです。おうちに帰ったら、おいしいもの食べて、お風呂《ふろ》に入って、すぐに寝ること！」

人間関係で深くなやみやすい人は、反省しすぎる傾向《けいこう》にあります。

ひとりでなやんで落ちこんで、解決するならいいですが、たいていはそんなことになりません。

だったら、ひとりでモヤモヤウジウジなやむ時間がもったいないですよね。

明日になったら、また前を向いて進んでいけばよいのです。


明日からがんばれる元気をチャージするために、落ちこんだときは、自分をやさしくいたわってあげましょう。


おいしいものを食べて、好きな音楽を聴《き》いて、あったかいお風呂につかって、ふかふかのベッドに入って……。

すぐに眠れなくても大丈夫、身体を休めてあげましょう。

一緒にいて楽しい、落ち着けると思える人とすごしたり、家族や友だちに話を聞いてもらったりするのもいいですね。

私は、落ちこんだり、モヤっとしたりしたときは、迷わずお笑い番組を観ます。

頭をからっぽにして、笑いながら眠りにつくと、次の日の朝は元気に起きられます。

ひとつのミスで、すべてがダメになるわけではありません。

何より大事なのは、それを成長のチャンスととらえて、どう動くか。

このことを、ぜひ覚えていてくださいね。

ミスは成長のチャンス。改善する方法を考えたら前に進もう！

あまり自分を「完璧《かんぺき》」に見せない

みんなは「完璧主義《かんぺきしゅぎ》」っていう言葉を知っているかな。
完璧主義とは、つねに完璧であることにこだわり、必要よりも高い目標を設定して努力する人のことを指します。

こういう人は、他人からの評価《ひょうか》を気にしすぎていて、ミスや失敗があれば自分を責《せ》めてしまう傾向にあります。

人見知りさんの中には、完璧主義の人も少なくありません。

私は、ふたり姉妹の長女で、両親はいつも忙《いそが》しくはたらいていました。
そのため、「お姉ちゃんとしてしっかりしていなきゃいけない」「5歳《さい》下の妹の面倒《めんどう》を見なくてはいけない」と、子どものころからいつも思っていました。

また、学校では、学級委員やリーダーに推薦《すいせん》されることが多く、いつもみんなのお手本とならなければいけないと思っていました。

真面目《まじめ》で、一生懸命な人ほど、完璧にやろうと思ってしまいます。


もちろん、いいところもいっぱいあります。

時間や約束はきちんと守るし、細かいところまで手を抜《ぬ》かないので、何かをつくるときには、すごく品質のよいものができます。

掃除《そうじ》や片づけをお願いすると、ピッカピカになります！


反対に、悪いところとしては、少しでも自分の思いどおりにいかないと、ストレスやプレッシャーを感じてイライラしてしまったり、「こんなんではダメだ」と落ちこんだりするところがあります。

この本を読んでいるみんなの中で、もし思いあたる部分があったら、いったんふっと力を抜いて、ちょっとだけ自分をあまやかしてみましょう。

自分に厳《きび》しく、向上心があることはよいことですし、手を抜かず一生懸命なのはとても素敵《すてき》なことです。

でも、何でも完璧にやろうとすると、それが「失敗をしない」という目標にすりかわってしまい、かえって自分をしばりつけることになってしまいます。

大切なのは、完璧におこなうことではなく、ありのままの自分を大切にすることなのです。

そのためには、いつも完璧で100点を取ることを求めるのではなく、80点でOKとします。

100か0か、できるかできないかといった極端《きょくたん》な考えではなく、「だいたいできてればよし！」「ときには手を抜いてもOK！」という感じでいきましょう。

そして、相手にも完璧を求めすぎないこと。

だれにでも欠点や弱みはあります。

弱い部分、できないところも、やさしく受け入れてあげましょう。
自分にもまわりの人にもやさしくなることが、人見知り克服につながります！

完璧よりも素直に生きるほうが、人見知り克服への近道

自己《じこ》評価は大きすぎず、小さすぎず

「自己《じこ》評価」とは、文字どおり、自分で自分自身を評価することをいいます。

これは人間だけが持つ能力であると考えられています。

犬や猫《ねこ》といった動物や、カブトムシやバッタなどの虫、あるいは鳥や魚……人間以外の生物は、自分で自分を評価するというよりは、本能や自然環境《かんきょう》に合わせて行動をしています。

人間は社会的な動物なので、自分で自分を観察して、集団生活の中でどのようにふるまうのがいいかなと、知らず知らず自分のポジションを確認《かくにん》しています。

でも、そのポジションが、ときに居心地がよくないと感じると、無意識に自己評価を変えてみようとして、本来よりも大きく見せようとしたり、逆に小さく見せようとしたりするのです。

みんなのまわりには、本当はこわがりで泣き虫なのに、「ぜんぜんこわくないよ！平気だよ！」と強がっている子はいないかな。

本当の自分をかくして、強く大きく見せるのは、ときにつらいものです。

反対に、何かに挑戦する前から、「どうせうまくいかない！　できない！　ムリ！」と、予防線《よぼうせん》を張っている子はいないかな。

失敗したときに、自分が傷《きず》つかないように自分を守っている行動ですが、これももったいないです。

本当の実力より大きく見せることを「過大評価《かだいひょうか》」、小さく見せることを「過小評価《かしょうひょうか》」といいますが、何事においても「○○すぎる」というのはよくありません。

それをあらわす言葉に、「過《す》ぎたるはなお及《およ》ばざるがごとし」というものがあります。

「何をするにも、やりすぎてしまうと、それがどんなによいことでも、足りない状態と同じようによくない。ちょうどよいのがよい」という意味です。

「毎日、夜ふかししてテスト勉強したのに、当日は体調をくずして学校を休んでしまった……」

「試合が近いからハードな練習をしたせいで、ケガをして大会に出られなくなってしまった……」


こういう状況《じょうきょう》が、まさにそうですね。


大きすぎてもよくないし、小さすぎてもよくないのが自己評価です。

でも、自分のことって、自分がいちばんわからないもの。

なので、自己評価に迷ったときは、家族や友だち、先生など、身近で信頼《しんらい》できる人からの意見やアドバイスをよく聞きましょう。


また「成長ノート」をつけるのもオススメ。

みんなは、自分の「母子手帳」や「育児日記」って見たことあるかな。

そこには、みんなが生まれたときの体重や身長、生まれたときの様子、成長の記録が残されているでしょう。それを見ると自分の過去をふりかえって実感できます。

人は日々、進化、成長しているのです。

昨日までできなかったことが、今日できたりします。

目標や課題を「見える化」することで、なりたい自分にどんどん近づくことができます。

自分を正しく評価する習慣を身につけて、日々成長していきましょう！

自分を正しく評価することが、これからの成長につながる

お父さんやお母さんから離《はな》れて、少しおとなになろう

いよいよ、最後の項目《こうもく》になりました。

ここまでよくがんばりましたね！

この本を読む前のみんなと、読み終わったあとのみんなを比《くら》べると、ひと回りもふた回りも大きく成長しているはずです。


この本を手にしているみんなは、12歳ぐらいでしょうか。

もう少し上の子も下の子もいると思いますが、今までの生活の中で、みんななりに大変だったこと、つらかったこともあったでしょう。


友だちとのつき合いがうまくいかなかったことや、人見知りであることをなやんだこ

ともあったと思います。でも、それらの経験はすべて、これからの長い人生で必ず役に立つときがやってきます。

これからたくさんの経験をして、多くのことを吸収《きゅうしゅう》し、少しずつおとなになっていく未来が、みんなには待っています。

その過程《かてい》で、お父さんやお母さんの手から離《はな》れて、自分の足で歩いていく時期がやってきます。それを「自立」といいます。

お父さんやお母さんから離れるというのは、家から出てひとり暮《ぐ》らしをするなどという意味ではありません。自分のことを管理する力＝自己管理力や、自分で自分のことを決断《けつだん》したり選択したりする力＝決断力や責任感《せきにんかん》を養うことです。

おとなになるというのは、自分の言動に責任を持つということです。

具体的には、今まで親と決めていた学校の宿題やテスト勉強の計画を、自分で決めたり、部屋の掃除や身の回りの世話を親任《まか》せにしていた人は、自分のことは自分でやるようにしてみましょう。

その中で、うまくいくこと、ときにうまくいかないこともあるでしょう。

成功したときは自信を持ち、失敗したときは立ち上がって乗り越える勇気を持ちましょう。

困ったとき、判断《はんだん》に迷うときは、遠慮《えんりょ》なくまわりに相談しましょう。

お父さんやお母さんは、そんな成長を楽しみに、いつもみんなを見守り、応援《おうえん》しています。

どんなに離れていても、味方でいます。

だから安心して、新しい自分を発見する旅、人見知り克服という名の冒険《ぼうけん》を、自分らしく楽しんでくださいね！

離れても親は味方。成長の道のりを楽しんでいこう

■カバーデザイン　Isshiki(八木麻祐子)
■イラスト　栗生ゑゐこ

著者プロフィール

鳥谷 朝代（とりたに・あさよ）

一般社団法人あがり症克服協会代表理事、株式会社スピーチ塾代表取締役、心理カウンセラー、NHKカルチャー、朝日カルチャー、よみうりカルチャー等話し方講師。

中学1年生の国語の教科書読みで手と声が震え出したことであがりを自覚、それ以来17年間あがり症に苦しみ続ける。名古屋市職員となって以降も症状は悪化。職場にも家族にも言えず、精神内科を受診し催眠療法を試みたものの効果はなく、役所を辞める覚悟をしていた頃に話し方講座と出会い、長年のあがり症を克服。話し方講座で多くのあがり症の方と接するうち、かつての自分のように人知れずあがり症で苦しむ人の助けになりたいと思うようになり、14年勤めた市役所を退職、2004年「あがり症・話しベタさんのためのスピーチ塾®」を開校。メンタルだけでなく身体から誰でも楽にあがりを改善する方法を確立し、アナウンサー、モデル、芸人、議員、弁護士、経営者から学生、主婦まで広く指導。克服へ導いた受講生は7万5000人を超える。2014年、全国初の元あがり症によるあがり症のための協会「一般社団法人あがり症克服協会」を非営利団体として発足、理事長に就任。全国各地のカルチャースクール、学校、団体で年間200回以上の講演活動を行う。テレビ出演も多数。

著書に『12歳から始めるあがらない技術』（秀和システム）、『1分のスピーチでも、30分のプレゼンでも、人前であがらずに話せる方法』(大和書房)、『人前で「あがらない人」と「あがる人」の習慣 』(明日香出版社） などがある。

12歳《さい》から始《はじ》める人《ひと》見《み》知《し》りしない技術《ぎじゅつ》

発行日　2023年　9月10日　　第1版第1刷

著　者　鳥谷《とりたに》　朝代《あさよ》

発行者　斉藤　和邦
発行所　株式会社　秀和システム
〒135-0016
東京都江東区東陽2-4-2　新宮ビル2F
Tel 03-6264-3105（販売）Fax 03-6264-3094
印刷所　三松堂印刷株式会社　　Printed in Japan

ISBN978-4-7980-7031-5 C0037

定価はカバーに表示してあります。

乱丁本・落丁本はお取りかえいたします。

本書に関するご質問については、ご質問の内容と住所、氏名、電話番号を明記のうえ、当社編集部宛FAXまたは書面にてお送りください。お電話によるご質問は受け付けておりませんのであらかじめご了承ください。